河南省农业厅
河南省农民科技教育培训中心

农产品品牌建设

宋 宇 李军安 主编

中原农民出版社

·郑州·

图书在版编目（CIP）数据

农产品品牌建设／宋宇，李军安主编 . —郑州：中原农民出版社，
2021.8（2022.4 重印）
ISBN 978－7－5542－2452 －6

Ⅰ. ①农… Ⅱ. ①宋… ②李… Ⅲ. ①农产品－品牌－战略－研
究－中国 Ⅳ. ① F326.5

中国版本图书馆 CIP 数据核字（2021）第 143282 号

本书作者团队

主　编　宋　宇　李军安
副主编　张君慧　刘晓虹　陈文平
参　编　王公卿　张庆庆　赵双玲
　　　　刘　洋　马　珂　李　婷

农产品品牌建设

NONGCHANPIN PINPAI JIANSHE

出 版 人：刘宏伟
策划编辑：王学莉
责任编辑：王学莉
责任校对：韩文利
责任印制：孙　瑞
装帧设计：杨　柳

出版发行：中原农民出版社
　　　　　地址：郑州市郑东新区祥盛街 27 号 7 层　　邮编：450016
　　　　　电话：0371-65751257　　0371-65788658（行业图书开发部）
经　　销：全国新华书店
印　　刷：保定市西城胶印有限公司
开　　本：710mm×1010mm　1/16
印　　张：9.5
字　　数：173 千字
版　　次：2021 年 10 月第 1 版
印　　次：2022 年 4 月第 2 次印刷
定　　价：28.00 元

如发现印装质量问题，影响阅读，请与印刷公司联系调换。

前　言

　　对于农产品来说，往往因缺乏品牌建设，而卖不出好的价钱。毋庸置疑，品牌化是农业市场化与产业化进程中的一种必然。农业品牌化是我国农业产业转型升级不可逾越的选择。近些年来，我国农业行业越来越重视品牌的培育，国家也在品牌建设发展方面持续发力。2016年，国务院办公厅发布《关于发挥品牌引领作用　推动供需结构升级的意见》，要求积极探索有效路径和方法，更好发挥品牌引领作用。国务院还将每年的5月10日确定为中国品牌日，这展示了推进品牌发展的坚定决心，标志着品牌建设进入全面发展的新时代。

　　然而，由于在品牌设计、传播、创新等方面缺乏"精耕细作"，多数农产品品牌的影响力仅停留在局部地域，农产品品牌的发展整体呈现出地区和种类分布不均衡、主体结构分布有待调整的状态，阻碍了其整体实力的提升。主要问题包括：第一，农产品品牌形象不突出。农产品品牌面对消费者所呈现的整体形象，包含诸多细节，如品牌整体定位、外部符号名称、包装设计等同质化明显，雷同无个性，更多情况下以"产地＋产品"的形式出现，品牌识别功能缺失。第二，品牌传播不持续，影响力有限。很多品牌仅仅注重识别功能和促销功能，品牌营销手段单一、传统，大多依赖于政府门户网站的农产品品牌专栏，品牌知名度不高，没有形成线上、线下一体化的品牌营销推广体系。第三，缺乏创新意识。农产品品牌建设需要农产品生产企业的不懈努力，使农产品及其品牌中所包含的文化内涵或特定理念逐渐渗透到消费者的心里。不少农产品品牌没有为品牌注入新的内容，缺乏对品牌的长期维护与培育。

　　鉴于上述原因，亟须推出农产品品牌建设方面的培训教材，让农产品品牌主体从零起步，在品牌定位、品牌传播、品牌创新等方面得到全面提升，打造突出的农产品品牌形象，建立品牌推广和营销策划体系。

　　本书结合最新的发展趋势和典型案例，尽量使教程通俗易懂、生动形象、可操作性较强，从品牌定位、品牌传播、品牌创新等维度，全方位展示农产品品牌创建的全过程，可为农业企业、新型农业经营主体、高素质农民等创办品牌提供理论依据和实践案例。

　　本书得到河南省教育厅人文社会科学研究一般项目（2019－ZZJH－045）、河南省高等学校重点科研项目（19A630016）、河南省重点研发与推广专项（软科学）项目（192400410024）的支持。

目 录

模块一

打个好基础：什么是农产品品牌

学习目标

通过本模块的学习，学员要明白什么是农产品品牌、建立农产品品牌有什么作用，了解河南省农产品品牌建设现状。

案例一

"安化黑茶"品牌创建

"安化黑茶"属六大茶类中的黑茶类，是以安化特色地域内生产的毛茶为主要原料，经过独特工艺加工而成。主要分为千两类、砖茶类、天尖类，尤以千两茶、茯砖茶更为独特。2016年全国茶叶产量223万吨，黑茶产量不足20万吨。其中，安化茶产量6.5万吨，分别占全国茶叶产量的3%、全国黑茶产量的32.5%。2016年，安化县茶产业综合产值达125亿元，茶产业税收达2亿元，连续五年位居全国重点产茶县四强，成为中国生态产茶第一县、黑茶产量第一县、科技创新第一县、茶叶税收第一县。在农业部主导的全国茶叶公用品牌评比中，"安化黑茶"荣获"中国十大茶叶区域公用品牌"荣誉，名列第三。

安化黑茶能够迅速崛起，其核心竞争力主要在于：一是原料坚守"小块茶园""林中有茶，茶中有林"的生态茶园理念，保证原料绿色、环保、安全。二是拼配技术。酒要勾兑，茶要拼配。拼配是安化黑茶成品制作的核心技术，以保证植物功效作用的发挥。三是独特的工艺技术，包括"金花"（学名冠突散囊菌）生成、千两茶加工工艺等。

安化黑茶产业连续十一年实现高速增长，2016年，安化县黑茶产业及其关联产业在全县经济总量中占比21%、茶产业税收占比20%，全县茶叶加工企业达150家、营销企业200多家，其中规模以上企业59家，年生产能力10万吨以上。目前，茶产业及关联产业从业人员达到32万人，年劳务收入达35亿元以上，对农民人均可支配收入的贡献达2 000元以上，茶产业已成为当地拓展就业的支柱、脱贫攻坚的支撑和品牌创新的亮点。

议一议

1. 安化黑茶成功的原因是什么？
2. 农产品成立品牌有什么好处？

一、正确认识农产品品牌

（一）品牌是什么

品牌是与其他竞争者的产品和服务相区别的一个名称、标记，是一个包括产品与服务功能要素（如品质、用途、包装、价格等）、企业与产品形象要素（如图案、色调、音乐、广告等）和消费者心理要素（如对企业及其产品和服务的认知、感受、态度、体验等）在内的多维综合体，是在营销或传播过程中形成的，继人力、物力、财力、信息之后的第五大经营资源，是一种超越生产、商品及所有有形资产以外的无形资产，这种无形资产能给拥有者带来溢价并产生增值。品牌一般由品牌名称和品牌标志两部分组成。品牌与商标、名牌是三个经常容易混淆的概念，它们之间的区别如下所述：

1. 品牌与商标　商标是将一企业的产品或服务与另一企业的产品或服务区别开的标记。所以，商标是指由某个经营者或服务者提出申请，并经一国政府机关核准注册的，用在商品或服务上的标志，包括文字、图形、字母、数字、三维标志和颜色组合以及上述要素的组合。商标作为一种记号不能代替品牌，但品牌概念本身包含了商标，商标是品牌识别的基本标记。商标是一个法律术语，而品牌是一个经济术语。品牌有注册品牌与非注册品牌之分，商标有注册商标与非注册商标之分。依法注册后的商标和品牌受法律保护。

2. 品牌与名牌　名牌是约定俗成的词汇，指享有较高知名度和市场占有率的品牌，品牌竞争中的成功者就成为名牌。企业实施品牌经营的目标就是创造名牌，扩大市场影响力，它们之间的区别如图 1-1 所示。

（二）什么是农产品

对于什么是农产品，不同领域对"农产品"的内涵与外延界定也各不相同，常见的主要有以下四种观点：

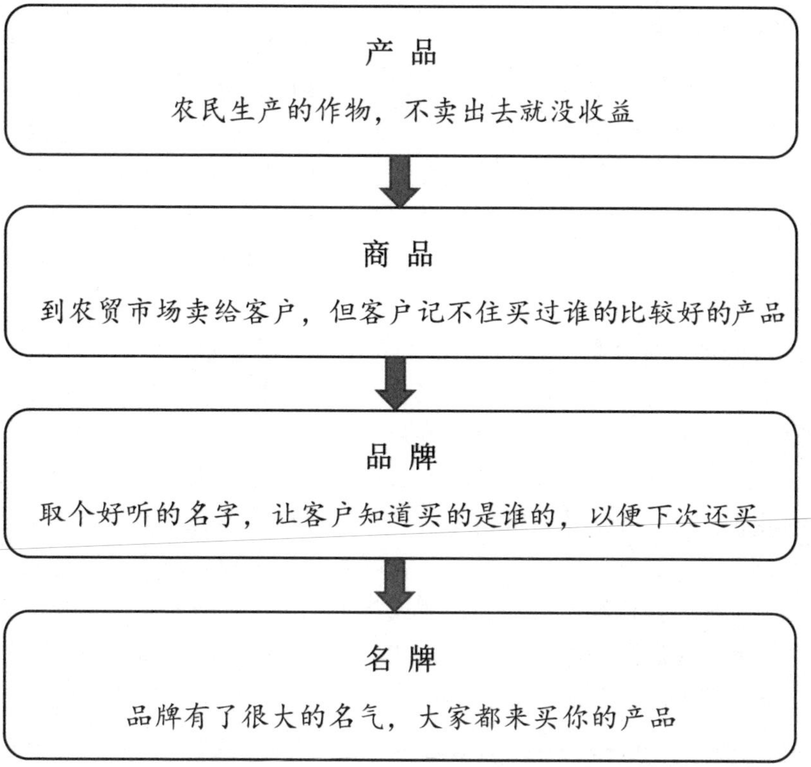

产 品

农民生产的作物，不卖出去就没收益

商 品

到农贸市场卖给客户，但客户记不住买过谁的比较好的产品

品 牌

取个好听的名字，让客户知道买的是谁的，以便下次还买

名 牌

品牌有了很大的名气，大家都来买你的产品

图1-1 品牌和名牌的区别

（1）《中国大百科全书（农业）》对农产品的解释 广义的农产品包括农作物、畜产品、水产品和林产品，狭义的农产品则仅指农作物和畜产品。

（2）世界农业贸易协议中规定 把来源于农业的未加工和已经加工的产品全部以农产品的形式加以命名和进行贸易上的谈判。

（3）《中国和美国关于中国加入世界贸易组织的协议》规定 农产品包括：谷物及谷物产品、棉花等纤维类农产品、奶及奶制品、动物及动物产品、油脂产品、鱼类产品以及林业产品等。

（4）国家海关统计指标分类中，将农产品分为四类 第一，食品及活动物；第二，饮料及烟类；第三，非食用原料；第四，动植物油、脂、蜡。

联合国粮农组织对农产品的分类也分为广义农产品和狭义农产品。其中广义农产品包括：农作物（粮食和经济作物）、水产品、畜产品、林产品；狭义农产品则主要指粮食、水产品、畜产品，以及经济作物中的橡胶、纤维等。

（三）农产品品牌

农产品品牌指的是由农民等生产经营者，通过栽培作物和饲养牲畜等生产经营活动而获得的特定产品，经由一系列相关符号体系的设计和传播，形成特定的消费者群、消费联想、消费意义、个性、价格体系、传播体系等因素综合而成的特定的整合体。

农产品品牌、质量标志、农业企业品牌、农产品区域品牌是容易混淆的概念，它们之间的区别如下所述：

1. 农产品品牌和质量标志 农产品品牌与农产品质量标志也是两个不同但容易混淆的概念。质量标志是指政府或政府授权机构按照国家农产品质量标准对农产品的质量水平给予评价后，允许在农产品或其包装上使用的评价结果标志。农产品质量的隐蔽性决定了农产品消费者质量满意度认识的困难。农产品消费者无法通过眼观、耳听等知觉系统判断农产品的质量，很容易造成农产品市场的逆选择现象，为了解决这一难题，农产品市场一般都采取由政府或政府授权的第三方对农产品质量进行检测或认证。检测或认证结果大体分成三个等级，即：无公害农产品、绿色农产品和有机农产品。相应认证水平的标志被允许使用在农产品包装上，就形成了农产品质量标志。

小贴士

农产品质量标志

（1）**无公害农产品标志** 无公害农产品标志是政府或授权机构对符合无公害农产品质量安全水平的农产品颁发的质量证明标志（见图1-2）。"无公害农产品"一词最早来自我国农业部启动的"无公害食品行动计划"，这一计划是以国家质量监督检验检疫总局颁布的《农产品质量安全标准》和农业部颁布的无公害蔬菜、水果、畜禽产品、水产品的产品标准、生产技术规程、生产资料使用准则等为依据的。因此，这一计划的确切内容是针对无公害农产品提出的。根据《无公害农产品管理办法》第一章第二条无公害农产品是指产地环境、生产过程和产品质量符合国家有关标准和规范的要求，经认证合格获得认证证书并允许使用无公害农产品标志的未经加工或初加工的食用农产品。

（2）**绿色农产品标志** 绿色农产品标志是政府或授权机构对符合绿色农产品质量安全水平的农产品颁发的质量证明标志（见图1-3）。国家绿色农产品的标准制定目前主要集中在绿色食用农产品上，因此，绿色农产品也叫绿色食品。其标志是绿色食品标志，绿色食品标志是经中国绿色食品发展中心注册的质量证明商标。绿色食品是遵循可持续发展原则，按照特定生产方式生产，经专门机构认定，许可使用绿色食品标志的无污染的安全、优质、营养类食品。

（3）**有机农产品标志** 有机农产品标志是政府授权的认定机构对符合有机农产品质量安全水平的农产品颁发的质量证明标志（见图1-4）。有机农产品质量标准是"三品"中最高的质量标准，由于有机农产品的认定主要是食用农产品的认定，所以有机农产品有时也称有机食品。

图1-2 无公害农产品标志　　图1-3 绿色农产品标志　　图1-4 有机农产品标志

2. 农产品品牌、农业企业品牌和农产品区域品牌 农产品品牌是一种名称、标记、符号及其组合运用，其目的是使与某一产品、服务与竞争对手相区别。农业企业品牌不仅在产品、服务和顾客感受方面能够满足顾客需求，而且能够代表企业形象。农产品区域品牌是指在一定的地理区域，以地理标志为主，具有较高的市场占有率、知名度和美誉度的集体公共品牌。这三个概念之间既相互联系又相互区别，它们之间的联系见图1-5：

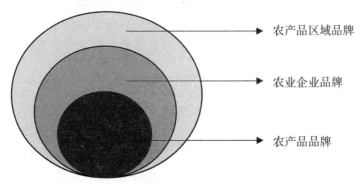

农产品区域品牌

农业企业品牌

农产品品牌

图1-5 农产品品牌、农业企业品牌和农产品区域品牌之间的关系

一是农产品区域品牌、农产品品牌、农业企业品牌都具有品牌特性，都具有品牌标识，其建设目标基本一致，即满足消费者消费需求，通过增强农产品的影响力和美誉度来提升农产品的竞争力，提高农户及企业的收入水平。

二是农产品区域品牌、农产品品牌与农业企业品牌之间存在互相依存、互相贡献的紧密联系。农业企业品牌的建立以农产品品牌为依附基础。农产品区域品牌的形成是建立在集群内的企业聚集效应和产业发展优势上，农业企业品牌是区域品牌建立的支撑和"根基"，有利于品牌发展延伸。

三是农业企业品牌是农产品区域品牌形成的基础，农产品品牌则是农业企业品牌形成的前提。农产品品牌、农业企业品牌、农产品区域品牌是品牌建设的三个必经阶段，彼此相互促进。在企业弱小时要放大农产品区域品牌的名牌效应而借势发展，在企业强大时则应该发挥企业的品牌竞争力优势。从农业集群发展来看，要走品牌联合发展的道路，即以龙头企业为核心，联合小企业组成联合体，如合作社、大型企业集团等，进行企业整合，统一企业农产品品牌。同时借农产品区域品牌口碑，带领骨干企业开辟国内外市场。

农产品品牌、农业企业品牌和农产品区域品牌三个概念之间的区别（见表1-1）：

表1-1　农产品品牌、农业企业品牌和农产品区域品牌之间的区别

	农产品品牌	农业企业品牌	农产品区域品牌
品牌载体	单个产品	企业	产业集群
品牌主体	企业	企业	政府、行业协会、专业合作组织等
产品性质	私有产品		准公共产品

（1）品牌载体不同　农产品品牌、农业企业品牌、农产品区域品牌分别以单个产品、企业和产业集群为品牌载体。农产品区域品牌的形成依附于特定区域产业，在其他生产区域产业无法复制和延伸，不能进行品牌资产交易。农产品品牌和农业企业品牌对特定产业区域并无一定依附性，可以独立存在，其品牌建设密切依赖生产加工设施、技术水平、售后服务等环节，能够进行品牌延伸和品牌资产交易。

（2）品牌主体不同　企业、政府、行业协会、专业合作组织等组成了农产品区域品牌建设主体，具有广泛性，这些主体在共享利益和分担风险的同时，也存在一定的利益矛盾和冲突，可能导致品牌建设动力不足，容易形成"真空地带"。因此，农产品区域品牌在品牌维护及管理方式上与农业企业品牌管理明显不同。农业企业品牌建设主体呈现"唯一性"，品牌权归属企业，具有品牌专属性，企业建设自身品牌的动力较强。随着农业集群的品牌发展重点由农产品品牌、农业

企业品牌向农产品区域品牌演变，品牌建设主体之一政府的品牌关注重点会由提高农产品产量、促进企业发展向推动区域发展转变。

（3）产品性质不同 农产品区域品牌产品属于准公共产品，在一定范围内具有非排斥性、非竞争性以及外部性等特征，而农业企业品牌和农产品品牌属于私有产品，具有严格的排斥性和竞争性。

 案 例 二

浙江蓝美集团股份有限公司

浙江蓝美集团股份有限公司成立于 2011 年，位于浙江省诸暨市，是一家专注于蓝莓产业的国家高新技术企业和浙江省省级骨干农业龙头企业，总投资近 3 亿元，打造了蓝莓苗木选育、种植、原料、深加工、休闲旅游的全产业链服务模式，解决了种植户在蓝莓种植技术和果品销路方面的问题。

企业品牌 LOGO 由手掌和蓝莓构成（见图 1-6），用手掌托起蓝莓，表示企业重视蓝莓产品，开发优质蓝莓产品，重视产品研发。手掌代表着合作，表示企业重视与客户之间的合作，持续改进企业蓝莓产品，迎合消费者的需求。

公司注重研发，成功研了中国蓝莓产业化代表性蓝莓品种——蓝美 1 号（见图 1-7）。蓝美 1 号具有以下特征：生长速度较快，经过两三年的培育，蓝莓果树就可以采摘；根系较为发达，能够适应多种土壤条件，具有耐高温的特性，适合南方地区生长；与同类产品相比，亩产量为 1 000～3 000 千克；每年产品很稳定，果树繁衍能力强。

图 1-6 浙江蓝美集团股份有限
公司（农业企业品牌）

图 1-7 蓝美 1 号（农产品品牌）

公司成立以来，一直注重社会效益，以蓝莓产业扶贫，帮扶出了国家级新农村示范村——诸暨上下文村，公司的蓝莓种植园也成了浙江省六个重大农业项目之一，诸暨市农业产业园也成为 2017 年国家级现代农业产业园之一，公司用蓝莓改变了当地的农业产业结构，极大地提高了农户的收益。

案例三

库尔勒香梨

据史学家考证，库尔勒香梨这一品名，始记载于 1917 年。1924 年，库尔勒香梨在法国万国博览会上荣获银奖，仅次于法国白梨；1986 年，库尔勒香梨在海外市场上被誉为"中华蜜梨"；1987 年，库尔勒香梨进入国际市场。20 世纪 50 年代起，库尔勒香梨经常在全国各种评比大赛中夺冠。

因为库尔勒种植地区的独特气候因素，使得库尔勒香梨的品质拥有较强的优良性和独特性。1996 年 11 月，库尔勒香梨成为全国第一个获得原产地证明的地理标志商标。这表明库尔勒香梨区域品牌的正式建立。此后，库尔勒香梨荣获多个奖项，并通过多项农产品质量认证。此外，为了提高市场竞争力，库尔勒香梨生产者还相继申请了一系列库尔勒香梨商标，包括"沙依东""东方圣果""金丰利"等，品牌知名度逐渐提高。2003 年，新疆维吾尔自治区人民政府发布相应的文件以保护库尔勒香梨区域品牌。2006 年 11 月，国家工商行政管理总局商标评审委员会将"库尔勒香梨"地理标志认定为中国驰名商标，成为我国地理标志中第三件被认定为驰名商标的区域品牌。2017 年，"库尔勒香梨"入选世界地理标志。2018 年 11 月 18 日，库尔勒香梨区域品牌被授予年度最受欢迎的农产品区域品牌奖，荣登十强榜单，这表明"库尔勒香梨"已跻身全国知名农产品区域品牌的行列（见图 1-8）。

图 1-8　库尔勒香梨（农产品区域品牌）

（四）农产品品牌的特点

农产品品牌与工业品和其他服务产品品牌相比主要有以下特点：

1. 农产品品牌的载体是农产品　农产品是人类以动植物为劳动对象，利用太阳能和生物有机体的生命过程进行劳动生产所获得的物质产品。农业生产是自然再生产过程与经济再生产过程交织在一起的生产，从而使农产品具有不同于工业品品牌的特征，即农产品品牌代表着农产品的自然属性。它与人类的健康息息相关，产品质量直接影响品牌价值的实现。农业的生产过程是在广阔的自然空间里进行，其劳动方式对产品质量的影响难于监测，因而需要实现农业产业化和标准化生产管理。

2. 农产品品牌代表着自然资源禀赋优势　大多数农产品品牌的创立，常常以产地的特色资源为基础，如湖南"君山银针"茶叶、东北"北大荒"大米等。自然资源禀赋优势是形成农产品品牌差异性及核心竞争力的关键所在。

3. 农产品品牌价值受原创性技术影响大　如湖南袁隆平农业高科技股份有限公司的"袁隆平"品牌，品牌的无形资产价值亿元，在很大程度上受"世界杂交水稻之父"袁隆平的影响而出名。又如，"茶中之王"的大红袍茶树，生长在九龙窠深谷之中的岩壁上，九龙窠仅有四棵茶树，但通过嫁接技术，扩大了其生产规模，形成了其品牌效应。由此可见，由科技水平决定的质量和效率，成为提升农产品品牌价值的主导因素。

（五）农产品品牌的作用

改革开放以来，我国农产品品牌化经营迅猛发展，品牌农产品的市场占有率大幅提高。农产品品牌的快速发展使得人们对农产品品牌更加重视，消费者更加信任品牌农产品，农业生产者更加愿意建设农产品品牌。

1. 农产品品牌对消费者的作用　农产品品牌有助于降低消费者信息收集成本和选择成本。消费者对农产品的购买行为划分为五个基本环节，分别是：农产品需求产生、信息收集、备选集建立、优选决策、实施购买。在这五个环节中，花费成本最多的是信息收集和优选决策环节。

（1）农产品品牌可以降低消费者信息收集成本　随着农产品市场竞争的加剧，消费者收集信息的难度越来越大，这个"难"不是因为信息太少，而是因为信息量太大。当今世界被称为"信息爆炸时代"，这个时代的特征是信息量大增。以 1977 年与 2007 年山东省泰安市农产品供给情况为例，泰安市农产品市场的农产品供应的品种与品牌 30 年间增长了 17.7 倍和 17 倍。新增加的每一个品种或品牌都包含了商品的质量、价格、性能、服务等多个子信息。每一个子信息都是消费者购买选择的影响因素。消费者为了做出正确的选择，总是希望收集尽可能多的信息，因此，消费者在购买商品时的信息收集和信息处理的任务是繁重和复杂的。

20 世纪 70 年代，我国北方城市居民购买食用油只有两种选择，就是到粮店购买花生油或者豆油。但几十年后的今天，食用油的市场有鲁花、胡姬花、龙大等十多个全国性品牌和许许多多的地方品牌，而每个品牌中又有色拉油、调和油、纯花生油、豆油、茶油、菜籽油等十多个品种，这样，消费者可选择的品种信息集就有一百多个。每个品种信息集又有质量、价格、脂肪含量等多种信息，其中的质量指标又包含了口感、营养成分等诸多子信息。假设每个品种按照 10条有效信息计算，市场上食用油的有效信息足有 1000 条之多。在有限的时间内将这 1000 多条信息收集起来，自然不是一件容易的事。生产者为了解决这个问题，设计了"品牌"这样一种信息传递方式，试图将相对稳定的承诺信息集合"捆绑"以后，通过品牌传递给消费者，以方便消费者信息收集。消费者看到一个品牌就能够知道企业对一个产品的承诺集合。品牌所代表的信息集合是相对固定的，基本特征比较容易把握。消费者利用品牌进行信息收集，成本将大大降低，而效率会大大提高。

（2）农产品品牌可以降低消费者选择成本　当消费者通过信息收集建立起可供选择的备选集后，就要在备选集里做出择优决策。在品牌缺失的情况下，消费者要在纷繁复杂的信息集合中进行信息比较，这个比较需要相同层次的信息两两比较，也需要不同层次信息的多方面比较，必然会导致选择成本极高，甚至使消费者无法实现选择。可现实是消费者普遍完成了选择，说明人们并没有按照完全信息、完全理性、产品性能差异等方式进行选择，而是按照品牌信息集合的不同含义进行选择的。换言之，品牌成为了消费者完成选择的标准。可见，在引入品牌后，一切选择问题变得简单了，消费者需要的是某些特定利益点，而品牌则是某些特定利益点的标志，消费者直接根据品牌所代表的特定利益点进行择优决策就可以了，这样就节约了选择成本。

2. 农产品品牌对生产者的作用　农产品品牌不仅对消费者有用，对生产者也有很多的帮助，具体表现为以下三个方面：

（1）农产品品牌可以帮助生产者降低产品推广成本　随着农产品品种和农业企业数量的"爆炸式增长"，消费者面临的可选择信息越来越多，生产者获得消费者"选票"的难度越来越大。农产品经营者推介产品、吸引消费者购买的成本也变得越来越高。农业企业为了生存、发展，必须考虑降低推介成本，提高推介效率。由于市场上农产品的品种繁多，竞争激烈，消费者被纷繁的信息所困扰，若农业企业在市场上采取逐一介绍自己农产品的功能、特点、质量的做法则是不容易引起消费者的注意和信任的。首先，消费者为信息的"爆炸式增长"困扰，对新信息有排斥情绪；其次，消费者难以记忆凌乱的、被逐一介绍的信息。所以，在没有品牌的情况下，农业企业即使投入巨大的推介成本，也难以赢得很多的消费者。但是，农业企业如果采取品牌策略，用品牌将农业企业和产品信息"打包"呈现给消费者，就能达到事半功倍的效果，达到降低农业企业推介成本、增加销售的目的。

（2）农产品品牌可以帮助生产者增加利润　随着经济发展和收入水平的提高，消费者对优质农产品的需求是旺盛的，只是苦于不能分辨农产品质量的优劣，才使得自己不敢购买生产者自己"标榜的"优质农产品。一旦有一个制度保证农产品生产者供给的优质农产品是"真"的，消费者将会为了自己的身体健康毫不犹豫地慷慨解囊。"品牌"就是要承载生产者对产品质量的承诺，以获得消费者信任的制度。通过品牌，消费者就可以放心地购买自己信得过的优质也即品牌农产品。由于优质农产品受到育种、栽培、养殖等农业技术水平和土壤、水质等自然条件的限制，所以优质农产品的种植面积、养殖数量都不可能在短期内形成大规模的生产，难以适应人们对优质农产品的需要，使优质农产品长期处于供不应求的状态，在这种情况下，品牌农产品的价格一定高于均衡价格，为生产者带来超额利润。因此，品牌在解决了农产品市场的逆选择后，将直接增加消费者的有效需求，促进企业利润的增长。

（3）农产品品牌可以帮助生产者增强可持续经营能力　在没有品牌的情况下，农产品市场的逆选择导致农户采取一切可能降低生产成本的办法（如使用价格便宜的劣质化肥和带有毒性的农药等）来增加收益；或者在投入一定的情况下，最大限度地增加产量（如过度使用化肥农药、滥用生长激素等）来增加收益。长此以往，不仅优质农产品的供给会减少，农业的竞争力下降，而且不利于农业的可持续发展，最终导致农户难以持续经营。当农户在农产品品牌制度的约束下进行生产经营时，农户的投入水平、生产的科技水平必然大幅度提高，其生产经营收入也随之大幅度增加，农户的生产经营就会进入良性循环状态。这时，农户会慢慢地知道品牌能使自己致富，品牌不能受损，自己生产经营的农产品必须符合优质农产品的标准等。这些认识随着时间的推移会逐渐变成农民的自觉意识，农民就会将提高产品质量作为自觉行为。

案例四

马陆葡萄：公用品牌支撑产业发展　产业兴旺带动乡村振兴

二十世纪六七十年代，"葡萄不能过长江"是专家学者公认的"事实"。2010 年，中国农学会葡萄分会在嘉定区马陆镇召开，前任会长、现任荣誉会长晁无疾在会上说"全国葡萄看南方，南方葡萄看马陆"，一语道出了葡萄产业发展格局的变迁与马陆葡萄的"江湖地位"。

1981年，马陆园艺场种下2.2亩（1公顷＝15亩）巨峰葡萄，就此拉开了南方种植葡萄的序幕。1987年，嘉定全县种植葡萄2万多亩，占上海市郊区葡萄种植面积的一半，为当地农民带来了巨大的经济效益，马陆也因此赢得了"中国葡萄之乡"的称号，声名远扬。2001年，上海马陆葡萄研究所将"马陆葡萄"注册为商标，翌年马陆葡萄研究所生产的马陆牌早、中、晚熟葡萄通过上海市优质农产品认证，便是其品牌化发展阶段的开端。此后，马陆牌葡萄先后荣获"上海名牌""上海市著名商标""中国名牌农产品""全国名特优新农产品"等荣誉，影响力不断壮大。

为了让品牌影响力惠及更多农户，2007年上海马陆葡萄研究所将"马陆牌葡萄"无偿转让给马陆镇政府，"马陆葡萄"正式成为马陆地区葡萄种植企业与农户共同拥有的区域公用品牌（见图1-9）。

图1-9 "马陆葡萄"品牌

农产品与商业产品最大的区别在于其品牌的发展需要借助政府宣传资源的扶持，"马陆葡萄"成为区域公用品牌后，政府统一管理，并鼓励企业与种植户创建自主品牌，形成了"地域＋企业""母品牌＋子品牌"的发展模式。有了"马陆葡萄"悠久的发展历史和品牌口碑的背书，农产品品牌运营的资金压力得以减轻，葡萄种植企业、合作社和农户有了更好的生长环境和发展资源。

在精品马陆葡萄"传伦"牌葡萄的示范带动下，马陆镇形成了以"马陆葡萄"区域公用品牌为统领，由"传伦""管家""惠娟""品冠峰"等子品牌，加24家合作社、570户农户共同组成的马陆葡萄品牌体系，构建了80元/千克、60元/千克、50元/千克、40元/千克、30元/千克、20元/千克的价格梯度。目前，全镇平均亩产值2万元以上，实现了人均产出10万元以上，为近5 000亩葡萄的种植户带来近亿元的经济收益。

2014年，"马陆葡萄"通过农业部农产品地理标志登记，2015年农业部正式批准对"马陆葡萄"实施农产品地理标志登记保护。"马陆葡萄"成为沪郊农产品中响当当的农业公用品牌。日后，通过授权认证的方式，嘉定其他地区的葡萄品牌也有望成为"马陆葡萄"家族的一员。同时，由马陆镇政府进行统一的品牌销售管理，统一使用"马陆葡萄"地理标志商标，采取保证金制度来有效控制冒牌马陆葡萄的市场空间，保证马陆葡萄的品质和声誉。葡萄产业的兴旺，不仅为当地农民带来近亿元年收入，还带动了农村休闲观光、文化艺术、餐饮住宿等第三产业发展。

 议一议

1. "马陆葡萄"品牌是如何一步步形成的？
2. "马陆葡萄"品牌的形成带来了哪些好处？

二、河南省农产品品牌建设现状分析

河南省地域广阔，平原与盆地占总面积的 55.7%，山地、丘陵占 44.3%。四季分明，雨热同期，全年的无霜期为 189～240 天，跨越四大流域，水利资源丰富，适宜多种农作物生长。多样化的地域条件促使河南省拥有多种特色农产品资源，再加上河南省文化资源丰富，文化积淀深厚，各地依托本土优势形成了一批具有地方特色的产品。

作为全国农业大省，河南省在传统农业转向现代农业的道路上，通过农区工业化、农业产业化，积极打造"三品一标"农产品，培育了一批"响当当"的农业产业化龙头企业和知名品牌。截至 2020 年，河南省共培育了 600 个省级知名农业品牌，其中农产品区域公用品牌 60 个、农业企业品牌 140 个、农产品品牌 400 个，年平均增幅 103%。全省有效期内"三品一标"农产品 4 679 个，其中绿色食品 1 019 个。2018～2020 年，全省绿色食品数量年均增长 25% 以上。"河南省知名农业品牌地图"如表 1-2 所示。

表 1-2　"河南省知名农业品牌地图"中部分品牌

城市	区域品牌	企业品牌	产品品牌
郑州	中牟大蒜、中牟西瓜、郑州黄河鲤鱼	"世通"豆制品、"众诚"水产品、"新农村"豆芽等共 8 个	花园口红薯、新密金银花、小相菊花等共 20 个

（续）

城市	区域品牌	企业品牌	产品品牌
开封	兰考蜜瓜、开封西瓜、杞县大蒜、开封县花生	"金杞"面粉、"五农好"花生、"八斗"菜薹等共6个	"豫薯源"甘薯、"民润"葡萄、"华营"玉米等共26个
洛阳	汝阳红薯、上戈苹果、偃师葡萄、洛宁金珠果、孟津黄河鲤鱼	"正大"肉制品、"生生"乳制品、"香腮"红富士苹果	伊川小米、新安樱桃、孟津梨等共25个
平顶山	大年沟牌血桃、曹镇大米、叶县马湾白桃	"晶硕"石榴、"众口"菜粮、"冯异"米醋等共5个	"吉尔木"椴木香菇、"汝良"杏、"国润"牛肉等共20个
安阳	内黄花生	"进宝"蔬菜、"桃源铭"桃、"禾泰"小米等共5个	"中飞"面粉、"思乡愁"小米、"八里香"甜瓜等共7个
周口	郸城红薯、淮阳黄花菜	"莲花"味精、"信天下"面粉、"天豫"粉条等共7个	"邹鹏"鸡蛋、"碧鑫"姜、"晴艺"芦笋等共27个
漯河	无	"双汇"火腿肠、"亿康"芦笋、"西湖果缘"葡萄	"顺琪"梨、"天利和"马铃薯、"漯甜"葡萄等共13个
三门峡	灵宝苹果、灵宝香菇、渑池丹参	"宝菇"香菇、"有盼头"香菇、"二仙坡"红富士苹果	仰韶大杏、朱阳核桃、"澧津"花椒等共10个
鹤壁	淇河缠丝鸭蛋	"众家"杏鲍菇、"大用"鸡肉、"跃民"蔬菜	"膳堂香"花生、"联发"西蓝花
新乡	凤泉薄荷、新乡小麦、辉县山楂、延津胡萝卜	"宏力"红提葡萄、"阳牧鲜"羊肉、"金粒"小麦粉等共5个	"众和"冬枣、"原黄"大米、"卫辉"桃等共20个
焦作	清化姜、温县铁棍山药	"云台冰菊"饮品、"核为贵"核桃、"麦乡"雪花粉等共5个	"孔融乐"有机梨、"华啸共利"葡萄、"菡香"大米等共6个

（续）

城市	区域品牌	企业品牌	产品品牌
濮阳	无	"黄河之莲"莲藕、 "汇源爱羊"羊肉、 "家家宜"黄河精米	无
许昌	禹州金银花	"珍芳新"番茄、 "中原农夫"小米、 "天和"菜心等共4个	"首山"小麦粉、 "嘉华"葡萄、 "学杰"胡萝卜等共4个
驻马店	邵店黄姜、 正阳花生	"正花"花生、 "隆达"留庄大米、 "豫坡"酒等共8个	"盛一"玉米面、 "天淑蜜人"可食玫瑰花、 "诸美"生猪等共28个
商丘	夏邑西瓜	"诚实人"挂面、 "淮海绿源"蔬菜、 "冷谷"葡萄酒等共5个	"汉梁王"白酒、 "亚东柘宝"三樱椒、 "中凯"茄子等共17个
信阳	固始甲鱼、新县将军菜、 信阳毛尖、固始萝卜	"正礼"大米、 "黄国"水磨糯米粉、 "九华山"茶叶等共13个	息县鸿润、 "明港大丰收"菜心、 "顺苑"香米等共20个
南阳	香花辣椒、西峡香菇、 新野甘蓝、西峡猕猴桃	"科尔沁"牛肉、 "久友"面粉、 "仲景"香菇酱等共4个	"辣美人"辣椒酱、 "美果优约"梨、 "丙玉"番茄等共18个
济源	无	无	"海丰"葡萄、 "黄河小倔"小麦、 "王母宴"桃等共7个

案例五

郑州黄河鲤鱼

郑州黄河鲤鱼是河南省郑州市特产，郑州地处黄河中下游，从黄土高原冲刷下来的有机质和微生物在这里聚集沉淀，成为黄河鲤鱼的天然食料，这也是黄河郑州段盛产优质黄河鲤鱼的主要原因。"郑州黄河鲤鱼"的特点表现为金鳞赤尾，色彩艳丽，外形美观，肉质细腻，营养丰富，俗称"铜头铁尾豆腐腰"。

2007 年 12 月，黄河郑州段黄河鲤国家级水产种质资源保护区通过了农业部层层审核，成为首批公布的 40 处国家级水产种质资源保护区之一。2012 年 5 月 2 日，农业部正式批准对"郑州黄河鲤鱼"实施农产品地理标志登记保护。2019 年 11 月 15 日，入选中国农业品牌目录。

案例六

新乡小麦

河南小麦的播种面积、总产量、单产及对国家的贡献均居全国首位，"新乡小麦"作为河南省知名农业品牌，具有"籽粒蛋白质含量高，湿面筋含量高，面团稳定时间长，容重高，出粉率高"的内在品质。小麦品质检验结果表明，新乡小麦各项指标能够达到小麦国标二等以上。河南省新乡市是小麦品质最好的地区，"优质小麦在河南，河南小麦看新乡"已成为社会各界的共识。

2008 年，新乡市委、市政府提出"品牌农业"发展战略，率先在河南省开始了"品牌农业"探索与实践。2011 年，又提出了"整合资源，组建新乡小麦产业集团，将新乡小麦打造为'中国第一麦'"的战略目标任务。2014 年年底，"新乡小麦"获得国家农产品地理标志，成为中国第一个以强筋小麦为登记内容的小麦产品，也是中国第一个以地市为登记范围的小麦产品，更是河南省第一个小麦登记产品，意义重大而深远，"中国第一麦"瓜熟蒂落，花落新乡，成为新乡走向世界的一张崭新名片。

2017 年 9 月，在第十五届中国国际农交会上，"新乡小麦"被农交会组委会授予"2017 百强农产品区域公用品牌"称号；2019 年 5 月，被授予"河南省知名农产品区域公用品牌"称号；2019 年 11 月 15 日，新乡小麦入选中国农业品牌目录；2019 年 12 月 23 日，入选"中国农产品百强标志性品牌"，这是"新乡小麦"品牌的又一次飞跃。

虽然河南省农产品品牌建设取得了一定的成绩，但依然存在一些不容忽视的不足之处，主要体现在以下四个方面：

1. 农产品品牌建设理念淡薄　近年来，河南省农产品品牌建设虽然发展较快，取得了喜人成绩，但与国内农业强省相比还存在一定的差距。2019 年，《中国品牌》杂志社通过调查研究对我国农产品品牌前 110 强进行了影响力排名，其中河南省仅占 4 席，由此可以看出，河南省农产品品牌在全国的知名度还相对较弱。

农产品品牌建设需要各主体（农民、政府、农业企业、农业合作社、行业协会等）统一思想、协同工作，否则很难把农产品品牌建设好、推广开。由于长期受小农经济的影响和计划经济思想的束缚，河南省各主体思想观念落后，对农产品品牌及其价值的重要性缺乏全面和深刻的认识，严重制约了农产品品牌建设。一些地方政府对品牌建设工作引导不力，认为创品牌是企业的事，与政府关系不大，缺乏有力的政策支持。而农民对品牌建设又认识不清晰，认为品牌化只是农产品销售的一种手段，缺乏品牌意识，在品牌建设的过程中主动性不强，将品牌仅仅视同为商标，大多只注重品牌的识别功能和促销功能，不能有效地开展品牌经营。此外，河南省农产品多为小农户自产自销，规模较大的农业企业少之又少，农民品牌意识淡薄，不愿投入人力和物力进行品牌建设，更谈不上进行品牌探索和创新，导致农产品市场鱼龙混杂，优质农产品卖不上优质的价格。因此，河南省大多数农产品的品牌传播力不强，产品仅在河南省内销售，品牌知名度有待提高。

2. 农产品品牌管理缺失　农户及小规模农业企业管理者大多品牌观念落后，对花费大量财力、经层层法律程序审批才得以注册的品牌，往往只注重前期的品牌形成阶段，却很少花费精力对品牌进行维护和推广，也很少建立专门的品牌管理机构，致使多数企业的品牌管理缺失，许多老品牌和大品牌因而日益衰落。例如，信阳毛尖作为河南省名茶品牌，在国内和国际市场上均拥有良好的品牌形象，但如今发展状况却远不如西湖龙井、碧螺春等名茶品牌。碧螺春将品牌定位于高端茶叶市场，品牌质量获得了消费者认同，西湖龙井则通过大规模宣传推广，提升了品牌知名度，在茶叶市场上占据了很大份额。相比较而言，信阳毛尖品牌杂乱，价格高低不齐，品牌定位不清晰，再加上企业和政府的管理力度不够，没有很好地利用好信阳毛尖这个金字招牌，从而导致信阳毛尖品牌无法发挥原有的经济带动作用。

3. 农产品质量参差不齐　品质保障是农产品品牌能够持久发展的核心，也决定着农产品品牌的发展前景。现阶段河南省农产品品牌普遍存在着"一品多牌"的现象，一旦某个优质农产品品牌获得较高知名度和美誉度后，就会有许多小企业的小品牌搭乘顺风车，不顾市场对农产品质量的要求，借助知名品牌的良好声誉来推销自身不合格的农产品，从而对知名品牌的品牌形象造成巨大损害。

另外，随着人们生活水平的提高，消费者对食用产品的安全性越来越关注，对健康生活和绿色食品的需求也越来越高。但是，一部分农业从事者为了追求更高利润，轻视农产品质量才是农产品的生命力这一道理，以次充好，甚至不按要求操作使用过量农药、保鲜剂和防腐剂等，使农产品所含有害物质远远超标，这些做法都严重影响了农产品质量，损害了农产品品牌形象。

4. 农业产业化基础不强 农业产业化是市场运营和品牌塑造的基础。初级农产品利润较小，而做品牌需要强大的经济支撑，因此品牌建设必须具有农业产业化基础。河南省内普遍存在农业产业链较短，农产品加工程度低的现象。在过去的很长一段时间内，河南省农业市场都被买方所垄断，卖方处于相对弱势地位。随着农村经济的不断发展，农户市场意识的不断增强，越来越多的涉农企业开始意识到农业产业化的重要性，逐步走向农业产业化的发展道路。

模块二

树个好形象：怎么设计农产品品牌

→学习目标

通过本模块的学习，学员需要掌握农产品品牌定位的意义与内涵，以及在农产品品牌设计过程中，品牌名称和品牌标志如何设计，品牌形象如何塑造等。

案例一

"德青源"品牌的鸡蛋

一斤鸡蛋卖多少钱？一般人脑海里浮现的答案是：鸡蛋这种初级农产品，也就三四元吧。但是，有一个"德青源"品牌的鸡蛋却卖到8元，而且广受消费者青睐，仅在北京就占据了品牌鸡蛋70%以上的市场份额。"德青源"为何能卖得比别的鸡蛋贵一倍？其独特卖点何在？"德青源"是如此推广品牌的：鸡舍宽敞有空调，全部采用无抗生素的饲料；鸡生活在郊区封闭式的大型养鸡场里，可以在山上跑；鸡蛋上有标识，记下何时下的蛋；把鸡蛋磕在碗里之后，普通鸡蛋的蛋黄是浅黄色，"德青源"鸡蛋的蛋黄是橙黄色；"德青源"设有全天候24小时的售后服务，快速服务各大城市售点。"德青源"在鸡蛋品质的研发和技术集成上发力，从原料采购、饲料加工、蛋鸡养殖、环境控制、兽医防疫、废弃物处理到蛋品加工等各个环节保证鸡蛋品质。而且，"德青源"每枚鸡蛋上都打有"身份证"——一种无毒的彩色喷码，公司可以通过编码查出每枚鸡蛋的各种信息，甚至追溯到产蛋的母鸡。这样的产品附加值令消费者心甘情愿掏腰包。"德青源"摒弃了"萝卜青菜，装筐就卖"的传统销售模式，不走农贸市场这一传统销售渠道，将90%的鸡蛋摆上各大超市的货架。这与其消费者定位是紧密相关的，中高端消费群让"德青源"找到了鸡蛋市场恶性价格战的突破口。

一、找好农产品品牌定位

"定位"来源于美国营销战略家艾·里斯和杰克·特劳特《定位》一书，该书阐述了如何通过定位之道来获取消费者心智，争夺消费者。那我们为什么要进行品牌定位呢？定位理论的产生，源于人类各种信息传播渠道的拥挤和阻塞，可以归结为信息爆炸时代对商业运作的影响结果。随着 5G 时代的到来，我们接受的信息量巨大，每天除了睡觉，几乎每时每刻都在通过电视广播、广告杂志、微博微信、电话短信等接受信息，让人眼花缭乱。如何让消费者记住产品品牌而不会遗忘？"定位"可以加强消费者对产品品牌的重视度与忠诚度，使产品在潜在顾客的头脑中形成定位，让顾客一旦产生相关需求，就能立即想到甚至首选这种产品。

案例二

从"好想你"品牌，看一粒红枣如何完成清晰定位

众多农产品品牌当下都面临着一个困境：消费者虽然对产品有深刻认知和直接需求，但对品牌毫无印象。以红枣产业为例，它是生活中常见的农产品，具有较高营养价值且价格实惠，是人人都负担得起的"保健品"，在市场上颇受欢迎。红枣的产品功效被大众熟知，其品牌却长期处于"尴尬"境地——大众对红枣品牌没有记忆。纵观市面上流通的红枣品牌，有一定知名度且较受认可的便是"好想你"。

"好想你"的前身，是河南省新郑县的奥星食品厂。1997 年 9 月食品厂改制为河南省新郑奥星实业有限公司，进入 21 世纪，它正式更名为好想你健康食品股份有限公司。经过几十年的发展，如今的"好想你"已成为一家集红枣种植加工、冷藏保鲜、科技研发、贸易出口、观光旅游为一体的综合型大公司，是国家农业产业化重点龙头企业。

寻找需求，确定产品定位

品牌定位的出发点必然是消费者需求。在发展初期，结合南方人喜欢用枣煲汤和自身产品鸡心枣被誉为"百药之引"这两个因素，"好想你"品牌创始人石聚彬将产品取名为"鸡心人参枣"，用人参煮枣，突出枣药食兼用的价值；采用 100 克的小袋包装，便于消费者单次食用；还将重 15 千克的黄色传统包装箱升级为仅 5 千克重、外观素雅小巧的白色箱子。依靠对消费者的精准定位，当年的"鸡心人参枣"在深圳、广州地区十分畅销，仅半年销售额就达到 30 万元。

随后根据市场调查，了解到南方人不喜欢吃枣吐核这一现象，"好想你"品牌迅速设计并生产出一款类似缝纫机的半自动机器，专门用于生产无核枣；在发现嚼口香糖是当下的新潮流后，品牌便研发口香糖包装样式的枣片，放在类似烟盒的包装里，在机场、火车上等场所进行派发和售卖。

紧跟时代，拓展销售渠道

由于各方面因素限制，在品牌发展初期"好想你"的营销渠道单一，主要借助商场进行销售。商场售卖降低了品牌的运营成本，也让品牌收集反馈意见速度减缓。专卖店运营成本高昂，却能直接接收消费者反馈，获得有效信息，还是一个效果显著的户外广告投放渠道。因此在品牌发展初具规模时，"好想你"及时做出调整，于2000年在郑州市纬二路成立第一家"好想你"专卖店。在之后的发展中，"好想你"又对专卖店渠道进行重新定位，探索出"好想你红枣旗舰店""好想你生活家健康零食店""好想你O2O移动连锁店""好想你食养生活馆"四种专卖店运营新模式。

"单一的商超渠道""商超＋专卖店"，再到如今的"连锁专卖＋商超＋电子商务＋流通渠道"四轮驱动模式，随着品牌所处环境的变化，"好想你"产品售卖方式也在不断发生改变。目前"好想你"依然在探索新的销售模式，期望打造实体店＋互联网的智慧门店体系。

清晰定位，重塑品牌文化

"好想你"定位"健康，时尚，快乐"高端红枣。从近年发展来看，"好想你"红枣的品牌定位愈发清晰。在过去，"好想你"品牌一直专注于产品的生产和创新研究，这是品牌发展初期的定位。但随着市场各品牌生产技术的提升，品牌差异性优势难以为继。"好想你"开始探寻品牌的文化价值，期望依靠文化价值为品牌创造再生价值，提升产品溢价空间，最终帮助品牌获得发展机会。2009年"好想你"对自身品牌进行重塑，将公司名字从"新郑奥星实业有限公司"更改为"好想你健康食品股份有限公司"，通过精准定位找到品牌的"灵魂所在"，在名称中融入情感文化价值，为品牌创造了有感情的、鲜活的个性化生命，获得与消费者沟通的特殊语言、故事和情结。

"好想你"还将品牌理念深入贯彻到营销活动中。线上有品牌旗舰店、在线征集等让"好想你"与客户感情流动的营销活动，线下有体验参与、优质的服务和产品，再加上品牌定期开展的社区活动、移动O2O销售车、"好想你"健康食养体验馆等活动，将"好想你"文化无缝隙覆盖消费者生活，从而不断刷新并提升消费者对品牌的情感认知度。

调整战略，探索品牌创新发展

红枣系列产品的研发、生产和连锁销售是"好想你"品牌一直以来的主营业务。但根据数据显示，2014年"好想你"净利润为0.53亿元，同比下降47%；2015年上半年净利润同期下跌9.94%，至0.735亿。持续下跌的利润数据让企业发展进入紧绷状态，对品牌而言，及时进行战略调整，寻找新途径提升市场占有率是当务之急，而拓展经营品类和攻占线上市场或许是个不错的选择。

2016年8月，"好想你"以9.6亿元的价格收购百草味母公司杭州郝姆斯食品有限公司全部股权，这也被称为是"国内零食电商并购第一案"。通过这次收购，"好想你"成功将自身产品范畴拓展至主流全品类休闲食品领域，并快速渗透到零食电商渠道，新增40万件/日的发货能力，直接实现了对天猫商城、京东、苏宁易购、1号店、唯品会、亚马逊、当当网等主流电商平台的覆盖。同时与自身的线下专卖门店相结合，快速完成O2O模式的打造。

（一）农产品品牌定位的内涵与意义

1. 农产品品牌定位的内涵　现代社会已成为一个传播过多的社会，而消费者只能接受有限的信息，消费者抵御这种"信息爆炸"的最有力武器就是最小努力法则——痛恨复杂，喜欢简单。消费者面对同质化的农产品，如何从中做出选择？面对日益激烈的竞争，企业如何获得消费者的青睐？品牌定位，是根据消费者对品牌的认识、了解和重视程度，寻找品牌的特色与形象，来满足消费者的某种偏好与需求。农产品品牌定位作为品牌营销的第一环节不仅可以促进消费者牢记品牌，而且可以帮助企业传递品牌文化与核心价值。

品牌定位就是将品牌植入消费者心智中，找到一个有效区别于其他品牌的独特位置。当消费者产生某种需求时，能迅速想起该品牌。定位的宗旨在于抛掉普通突出个性，满足消费者个性化需求。品牌定位突出品牌差异性，当人们看到这个品牌时能迅速想到这个品牌的记忆点，区别同类，区别竞争对手。品牌是企业传播产品相关信息的基础，品牌还是消费者选购产品的主要依据，因而品牌成为产品与消费者连接的桥梁，品牌定位也就成为市场定位的核心和集中表现。

2. 农产品品牌定位的意义

（1）便于消费者记忆　面对铺天盖地的广告，人们接收信息的能力却有限。超过记忆阈值，脑子就会一片空白，拒绝从事正常的记忆功能，会选择忽视或停止记忆。在这个信息过量的时代，企业只有压缩信息，实施正确的品牌定位，为自己的产品塑造一个最能打动潜在顾客心理的形象，才是其唯一明智的选择。品牌定位使潜在顾客能够对该品牌产生正确的认识，进而产生品牌偏好和购买行为，它是企业信息成功通向潜在顾客心智的一条捷径。

（2）易于区分其他品牌　优秀的品牌定位就是树立品牌特有形象，有别于竞争对手，与竞争对手做出区分。品牌定位如果没有记忆点，就容易被消费者遗忘，经过一系列合适的定位，品牌在消费者心目中树立与众不同的形象和地位，使消费者快速区分不同品牌。品牌一方面满足消费者的使用需求，另一方面满足顾客的情感需求。品牌定位突出某一个性满足消费者需求时，消费者就会把这个品牌作为首选。

（3）利于整合资源，集中优势　优化资源配置，做到资源最大化利用，就要做到有舍有得，突出发力。品牌定位更多地突出品牌独一无二的个性，集中产品优势，向消费者传递品牌独有的性格。

（二）农产品品牌定位的原则

1. 简化原则——定位的有力武器是最小努力法则　消费者心中对每一类农产品都有确定的品牌对应，例如牛肉对应伊赛，猪肉对应双汇，大闸蟹对应阳澄湖等。而且对品牌的印象不会轻易改变。因此，定位的基本原则不是去创造某种新奇的或与众不同的东西，而是去影响人们心中原本的想法，去打开联想之结，目的是要在顾客心目中，占据有利的地位。

可见，定位的真谛就是"攻心为上"，消费者的心灵才是营销的终级战场。从广告传播的角度来看定位，它不是要琢磨产品，因为产品已是生出来的孩子，已经定型，不大容易改变，而容易改变的是消费者的"心"。要抓住消费者的心，必须了解他们的思考模式，这是进行定位的前提。《新定位》一书列出了消费者的五大思考模式，以帮助企业占领消费者心目中的位置。本书仅举其中两种模式加以介绍：

模式一：消费者只能接收有限的信息。在超载的信息中，消费者会按照个人的经验、喜好、兴趣甚至情绪，选择接收哪些信息，记忆哪些信息。因此，较能引起兴趣的产品种类和品牌，就拥有打入消费者记忆的先天优势。例如，我国的杭州娃哈哈集团，最初是以生产"娃哈哈"儿童营养液而一举成名的（见图 2-1）。它的成功就在于产品定位准确，而广告定位更是让人过目不忘，因为它源于一首人人熟知的儿歌，很容易引起儿童与家长的共鸣。

图 2-1　娃哈哈儿童营养液

模式二：消费者喜欢简单，讨厌复杂。在各种媒体广告的狂轰滥炸下，消费者最需要简单明了的信息。广告传播信息简化的诀窍，就是不要长篇大论，而是集中力量将一个重点清楚地打入消费者心中，突破人们痛恨复杂的心理屏障。在这一点上最令人称道的是我国的一则驱虫药广告，只须服两片：治蛔虫是两片，治钩虫也是两片。人们也许记不住复杂的药品名称，但只需说"两片"，药店的售货员就知道你要的是什么药。反过来，如果厂家在广告中介绍它的产品如何如何先进，效果如何显著，其结果可想而知。所以，企业在定位中一定要掌握好这些原则：消费者接受信息的容量是有限的，广告宣传"简单"就是美。

2. 消费者导向原则——定位要在琢磨消费者需求上下功夫　里斯和特劳特认为"定位不是你对产品要做的事，而是在预期消费者身上下功夫，把产品定位在预期消费者的脑海中"。现在的市场是以消费者为主导力量，当品牌满足消费者独特的需求，迎合了消费者的心理时，才能在消费者的心智中留下独特地位。对预期消费者分析越准确，品牌定位的策略才能越有效。所以要把握消费者心理，以消费者心智为导向进行品牌定位。

3. 个性化原则——定位要与消费者的个性相吻合　在与同质化的产品竞争时，品牌表现的个性层面更能引发消费者共鸣。在感性消费时代，消费者在选产品时，既理性地考虑产品的使用功能，又希望产品满足自身的情感诉求。当品牌表现出的个性与他们的自我价值观相吻合时，消费者才会选择该产品。企业可以从品牌的物理性能和功能利益发展出一个定位，但定位并不仅仅是品牌物理特性和功能利益的总和，它还包含一些属于心理或精神的成分。个性化原则就是要求品牌定位新颖有创意、与众不同，即使这种个性与产品本身没有密切关系，而是人为赋予的，但是只要得到消费者的认同，它就是企业战胜对手、赢得消费者的有力武器。

4. 差异化原则——定位就要与众不同　面对潮水般的信息，消费者往往会产生一种排斥心理，即使接收到这些信息也会很快被其他信息所取代。成功的品牌定位要向消费者传递品牌区别于其他品牌的定位信息，凸显品牌的差异性，强势吸引消费者的注意力。与竞争对手的差别越大，品牌形象就越突出，就越容易掌握市场主动权。企业也许不可能在各个方面都和竞争对手存在差异，但如果有一项特别突出，也同样能够取胜。

差异化指为使企业的产品与竞争者产品相区分，而设计一系列有意义的差异的行为。差异化可以从以下五个方面着手进行：①产品差异化。即实体产品的差异化，可体现在诸多方面，如形式、特色、质量、产地等。②服务差异化。主要体现在订货方便、交货及时、客户培训与咨询等方面。③渠道差异化。④人员差异化。⑤形象差异化。

（三）农产品品牌定位的策略

品牌定位策略是进行品牌定位点开发的策略，品牌定位点的开发是从经营者角度挖掘品牌产品特色的工作。日常生活中我们可以感受到市场上品牌定位的五花八门、林林总总，然而仔细观察就会发现，品牌定位所采取的策略也是可以参考和遵循的。品牌定位是一项颇具创造性的活动，品牌定位点不是产品定位点，品牌定位点可以高于产品定位点，也可以与产品定位点相一致。品牌定位点的开发不局限于产品本身，它源于产品，但可以超越产品。

1. USP 定位策略，让你的品牌独一无二　USP 即独特的销售主张，在同类产品品牌林立的激烈竞争格局中，运用 USP 定位，可以突出品牌的特点和优势，让消费者在综合自己的消费偏好和品牌的利益诉求等因素后做出选择，又称"另辟蹊径式"策略。当农产品经营者意识到自己无力与同行业有实力的竞争者抗衡时，可根据自己的条件选择相对优势来竞争。例如，有的生产经营蔬菜的农户既缺乏进入超市的批量和资金，又缺乏运输能力，就利用区域集市，或者与企事业伙食单位联系，甚至走街串巷，避开大市场的竞争，将蔬菜销售给不能经常到市场购买的消费者。实力雄厚的领头企业可以利用 USP 创立多个品牌，覆盖多个细分市场，提高品牌的总体市场占有率。

2. 类别定位策略，开发新的品类　根据品牌类别建立的品牌联想，称作类别定位。类别定位力图在消费者心中将该品牌打造为某类产品的代名词，即当消费者有某类特定需求时就会联想到该品牌。例如，减少饥饿的巧克力使人想到士力架，啤酒使人想到青岛，快餐使人想到麦当劳，咖啡使人想到星巴克等。企业运用类别定位寻求市场时，需要准确提取消费者头脑中的信息空隙，方法之一就是站在竞争对手的立场考虑类别。

案 例 三

士力架横扫饥饿——能量型巧克力

诸多巧克力生产公司生产了各种各样口味的巧克力，但基本上所有的定位都是围绕在浪漫、甜蜜、情侣等方面，各企业在此定位道路上捉对厮杀，竞争激烈。如果想再进入巧克力市场肯定排在现有巧克力品牌的后面。正在此时，玛氏公司独辟蹊径，推出士力架（见图2-2），从而开创出能量型巧克力这一品类，迅速和同类巧克力产品拉开定位差距，建立品类壁垒。如今，士力架已成为"运动""能量"的代名词。能量型巧克力而非糖果型，一改传统巧克力追求浪漫的形象，强调"补充能量，活力无限，做回自己"。从用户群体方面分析，士力架针对的主要是年轻人以及有运动需求的人士。士力架既可以满足他们对抵抗饥饿的需求，同时也及时地满足了他们对能量和人体基本需求的矿物质和营养素的需求，又可以作为日常的小零食。在社会需要上，吃巧克力成为当代人的一种时尚潮流，且士力架独特的甜中带咸的口味使它与众不同，香浓的牛奶巧克力，包裹着柔软的焦糖和牛轧，还有酥脆的烤花生，这一口味也大大地满足了消费者对巧克力口味的需求，激发了消费者极大的购买欲望。

图2-2　士力架

3. 比附定位策略，勇当第二也是胜利　　比附定位是以竞争者品牌为参照物，依附竞争者品牌来定位。比附定位的目的是通过品牌管理、品牌竞争提升自身品牌的价值和知名度。企业可以通过各种方法和同行中的知名品牌建立一种内在联系，使自己的品牌迅速进入消费者的心里，借名牌之光使自己的品牌生辉。其实质是一种借势定位或反应式定位。借竞争者之势，衬托自身的品牌形象。在比附定位中，参照对象的选择是一个重要问题。一般来说，只有与知名度、美誉度高的品牌作比较，才能借势抬高自己的身价。

但要注意的是这种策略虽是勇争第二，但也与第一针锋相对。这种定位策略是把产品定在与竞争者相似的位置上，与竞争者争夺同一细分市场。例如，有的农户在市场上看别人经营什么，自己也选择经营什么。采用这种定位策略要求经营者具备资源、产品成本、质量等方面的优势，否则，在竞争中会处于劣势，甚至失败。

 案例四

蒙牛向伊利学习，争创内蒙古乳业第二品牌

1999年初蒙牛刚刚成立，其力量非常弱小，资金只有1 000多万元，这在乳品行业实在是微不足道。当时内蒙古乳品市场的第一品牌是伊利，蒙牛却名不见经传，其生存环境非常恶劣。创始人牛根生放低姿态，避免和伊利直接冲突。

2000年，蒙牛提出了"创内蒙古乳业第二品牌"的创意。蒙牛首先把这个创意用在户外广告上，地点就选在呼和浩特。

随后一年，蒙牛用300万元的低价格买下了当时在呼和浩特还很少有人重视的户外广告牌。一夜之间，呼和浩特市区道路两旁冒出一排排的红色路牌广告，上面写着："蒙牛乳业，创内蒙古乳业第二品牌""向伊利学习，为民族工业争气，争创内蒙古乳业第二品牌！"这让很多人记住了蒙牛，记住了蒙牛是内蒙古乳业的第二品牌。

蒙牛还在冰激凌的包装上，打出"为民族工业争气向伊利学习"的字样；有的广告牌上写着"千里草原腾起伊利、兴发、蒙牛乳业"。蒙牛表面上似乎为伊利和兴发免费做了广告，实际上寂寂无名的蒙牛正好借这两个内蒙古无人不知的大企业的"势"，出了自己的"名"。

蒙牛当时连前十名也进不去。但是其聪明也就表现在这里：蒙牛通过把标杆定为伊利，使消费者通过伊利知道了蒙牛，让很多人记住了蒙牛，记住了蒙牛是内蒙古乳业的第二品牌，而且留下的印象是：蒙牛似乎也很强大。

1999年初，蒙牛的销售额为0.44亿元，到了2002年，公司销售额飙升至21亿元，增长了48.6倍；以后以1 947.31％的成长速度在"中国成长企业百强"中荣登榜首，并连续三年创造中国乳业"第一速度"，在中国乳制品企业中的排名由第1 116位上升为第4位，创造了在诞生1 000余天里平均一天超越一个乳品企业的营销奇迹！"蒙牛现象"被称为"西部企业，深圳速度"。蒙牛创造的奇迹，固然有多方面的原因。但在蒙牛的品牌战略中，其品牌定

位策略在蒙牛发展过程中起了关键的作用，那就是比附定位策略的运用，堪称经典之作。

分析：

蒙牛的比附定位策略是非常成功的，透过蒙牛的成功，可以折射出比附定位策略的意义：

一是比附定位策略有利于品牌的迅速成长，更适应品牌初期成长。蒙牛认识到，中国大部分奶制品企业采用的都是国际一流设备，生产水平不相上下，产品同质化严重。面对国内外企业的激烈竞争，最紧迫的事莫过于搞好品牌建设，因而对于要创名牌的蒙牛来说，在创业初期使用这种策略是适宜的，可借伊利的名气提高自身品牌的影响。

二是比附定位有利于避免受到攻击，防止失败。蒙牛采用比附定位策略在某种程度上是为了保护自己。蒙牛刚启动市场时只有1 300多万元，在伊利、草原兴发这两个资本大鳄面前显得非常弱小，从竞争层面上看兴发和伊利联手干掉蒙牛，是完全可能的。即使伊利只踩踩脚，蒙牛也可能会东倒西歪，而事实上也出现过蒙牛的奶车被拦截的事情。这种策略还有一个额外的好处，就是在一定程度上降低了伊利的"敌意"，这对初生的蒙牛来说非常重要。蒙牛名为伊利和兴发免费做广告，实为自己的做法是非常明智的，壮大了自身，防止了两败俱伤。伊利和兴发看到蒙牛如此"大度"，不仅为自己，还为别人，又怎能忍心去"扼杀"它呢？如果蒙牛只顾自己的广告轰炸，则完全有可能遇到更多习难甚至遭到重创。比附定位策略使蒙牛避免了对手的打击，获得快速发展。

三是比附定位有利于获得消费者的同情和支持。比附定位策略，体现了谦虚、实干的风格。蒙牛将"向伊利学习""争创内蒙古乳业第二品牌"打在产品包装上，给人一种谦虚的印象，容易获得消费者的同情和支持。

4. 档次定位策略，高中低档不能错位 消费者通常把不同的品牌按价值高低来划分档次。品牌价值是产品质量、消费者心理感受及社会文化传统等多方面因素的综合反映。定位于高档的品牌，传达产品或服务高质量的同时，带给消费者以优越感，同时符合社会文化风俗习惯。高档品牌往往通过高价位来体现。档次定位综合反映了品牌价值，不同品质和价位的产品不宜使用同一品牌。如果企业要推出不同档次的产品，应采用品牌多元化策略，以免高档产品受低档产品的负面影响，有损于企业整体的品牌形象。

案 例 五

衣恋集团

服装领域的知名企业衣恋集团，旗下有多个品牌。"维尼熊"（Teenie Weenie）定位于 15～25 岁女性，属于中档次的女性服装；Eland 适合在校学生和初入职场的年轻女性，定位略低于维尼熊；Pich 适合 25～45 岁的职场女性，属于集团高档品牌。依恋童装，1999 年在美国注册，主要为 5～13 岁的儿童提供体现美国古典、休闲风格的服饰及相关产品。在设计风格上，完全有别于大多数以卡通图案为设计元素的童装品牌，它将成人服饰中的时尚、经典融于童装之中，把儿童的贵族气质充分地表现出来。在色彩上，它运用了最经典的红、蓝、白组合。在优雅之间，透露出一份可爱。再加上时尚的款式、精致的做工，把一种非凡的时尚品位表现得淋漓尽致。

5. "填空补缺式"策略，填补市场空白占据优势 这种定位策略不是去模仿别人的经营方向，而是寻找新的、尚未被别人占领，但又为消费者所重视的经营项目，以填补市场空白的策略。例如有的农户发现在肉鸡销售中大企业占有优势，自己就选择经营饲养"农家鸡""柴鸡"，并采取活鸡现场屠宰销售的方式，填补大企业不能经营的市场"空白"。

 案 例 六

王老吉抢占"怕上火"饮料市场

从 2005 年开始，王老吉以大热之势成为中国营销界最具黑马本色和盘点价值的名字。在此之前，没有人想到，作为岭南养生文化的一种独特符号的"凉茶"，在两广的大街小巷里沉淀 100 多年后，2005 年突然飘红全国，一年销售 30 亿元。

作为"清热解毒去暑湿"的中草药饮料，"凉茶"这一概念是典型的地域概念，除了两广，其他地区的消费者对于"凉茶"这一概念几乎一无所知，在上火的时候也从没有人想到去喝凉茶，都是通过牛黄解毒片之类的清热解毒类药品来解决问题，这成了王老吉打入全国市场难以逾越的障碍。显然，如果以"凉茶"的概念切入全国市场，不但市场培育过程缓慢，而且输入"凉茶"概念的费用也是一个无底洞。

王老吉在市场洞察和消费者研究方面可谓下了苦功，在定位上摆脱了"凉茶"概念的纠缠,跳入海量的"饮料"市场中竞争,并在海量的"饮料"市场中区隔出一个新品类——"预防上火的饮料"!"怕上火,喝王老吉"成为核心诉求,把凉茶的功能删繁就简归纳为"怕上火",使其通俗化和时尚化。同样的产品,同样的功能,同样的包装,仅仅因为"概念"不同,不仅破解了"凉茶"这一概念的地域困局,更开创了一个"凉茶"的蓝海。

当王老吉定位于凉茶的时候,它只是一个区域品牌,当王老吉定位于不上火饮料的时候,它却得到了全国市场。其成功的关键是站在消费者的角度去解读产品,并把这种解读转换成消费者容易明白、乐于接受的定位,这样的定位一经转换,巨大的市场机会就凸现了出来。

6. 重视区域差异,做好农产品品牌文化内涵深度建设 我国地域辽阔,农产品具有较强的区域差异,地域文化也具有很大的地域差异。而目前一些农产品生产者在拟要发展的项目中没有很好地依托区域优势资源,发展特色农业;在进行农产品品牌定位时,没有注入地方特色文化,忽视了农产品品牌文化内涵深度建设。

（1）高品质化策略 随着人们生活水平的不断提高,对农产品品质的要求越来越高,优质优价正成为新的消费动向。要实现农业高效,必须实现农产品优质,实行"优质优价、高产高效"策略。把引进、选育和推广优质农产品作为抢占市场的一项重要的产品品牌定位营销策略。淘汰劣质品种和落后生产技术,打一个质量翻身仗,以质取胜,以优发财。

（2）低成本化策略 价格是市场竞争的法宝,同品质的农产品价格低的,竞争力就强。产品成本是价格的基础,只有降低成本,才能使价格竞争的策略得以实施。要增强市场竞争力,必须实行低成本低价格策略。减少生产费用投入,提高产出率;实行农产品规模化、集约化经营,努力降低单位产品的生产成本,以低成本支持低价格,求得经济效益。

（3）大市场化策略 农产品销售要立足本地,关注周边市场,着眼国内外大市场,拓展销售空间,开辟空白市场,抢占大额市场。开拓农产品市场,要树立大市场观念,实行产品市场营销策略,定准自己产品销售地域,按照销售地的消费习性,生产适销对路的产品。

（4）多品种化策略 农产品消费需求的多样化决定了生产品种的多样化,一个产品不仅要有多种品质,且要有多种规格。引进、开发和推广一批名、特、优、新、稀品种,以新品种,引导新需求,开拓新市场。要根据市场需求和客户要求,生产适销对路各种规格的产品,如螃蟹要生产大规格的蟹,西瓜要生产小个子的瓜。要实行"多品种、多规格、小批量大规模"策略,满足多层次的消费需求，开发全方位的市场，化解市场风险，提高综合效益。

（5）反季节化策略 因农产品生产的季节性与市场需求的均衡性予盾带来的季节差价，蕴藏着巨大的商机。要开发和利用好这一商机，关键是要实行"反季节供给差价赚取"策略。实行反季节供给，主要有三条途径：一是实行设施化种养，使产品提前上市；二是通过储藏保鲜（优鲜农业工程保鲜系统），延长农产品销售期，生产旺季销售为生产淡季销售或消费旺季销售；三是开发适应不同季节生产的品种，实行多品种错季节上市。实施产品市场营销策略。要在分析预测市场预期价格的基础上，搞好投入产出效益分析，争取好的收益。

（6）嫩乳化策略 人们的消费习惯正在悄悄变化，粮食当蔬菜吃，玉米要吃青玉米，黄豆要吃青毛豆，蚕豆要吃青蚕豆，猪要吃乳猪，鸡要吃仔鸡，市场出现崇尚高嫩鲜食品的新潮。农产品产销应适应这一变化趋向，这方面发展潜力很大。

（7）土特化策略 改革开放以来，各地从国外引进不少农业新品种，其产量高，但与国内的土特产品相比，品质、口味较差，一些洋品种已不能适应市场追求优质化的需求，大掉身价。人们的消费需求从盲目崇洋转向崇尚自然野味。热衷土特产品，蔬菜要吃野菜，市场要求搞好地方传统土特产品的开发，发展品质优良、风味独特的土特产品，发展野生畜禽、野生蔬菜，以特优质产品抢占市场，开拓市场，不断适应变化着的市场需求。产品土，包装也要土。

（8）加工化策略 发展农产品加工，既是满足产品市场营销的需要，也是提高农产品附加值的需要，发展以食品工业为主的农产品加工是世界农业发展的新方向、新潮流。世界发达国家农产品的加工品占生产总量的 90％，加工后增值 2～3 倍；我国农产品加工品只占总量的 25％，我国农产品加工潜力巨大。

（9）标准化策略 我国农产品在国内外市场上面临着国外农产品的强大竞争，为了提高竞争力，必须加快建立农业标准化体系，实行农产品的标准化生产经营。制定完善一批农产品产前、产中、产后的标准，形成农产品的标准化体系，以标准化的农产品争创名牌，抢占市场。

（10）品牌化策略 一是要提高质量，提升农产品的品位，以质创牌；二是要搞好包装，美化农产品的外表，以面树牌；三是开展农产品的商标注册，叫响品牌名牌，以名创牌；四是加大宣传，树立公众形象，以势创牌。要以名牌产品开拓市场。

（四）农产品品牌定位的方法

市场定位的方法多种多样，但由于农产品具有与一般产品不同的特点，因而，其定位方法有其特殊性。

1. 根据农产品质量和价格定位　产品的质量和价格本身就是一种定位，一般来说，在消费者看来，较高的价格意味着较高的产品质量。农产品价格普遍偏低，对优质农产品实行高价，使其与普通农产品区别开来，满足消费者对优质农产品的需求，从而达到定位的目的。

2. 根据农产品的用途定位　同一农产品可能有多种用途，如有的农产品既可供消费者直接食用，又可用于食品加工，那么可分别对它们进行不同的定位。此外，当发现一种农产品有新的用途时，也可运用这种定位方法。比如菊花，可以观赏用、药用和食用。根据菊花的不同用途，可以开发不同的市场，定位不同的人群。

3. 根据农产品的特性定位　农产品的特性包括其种源、生产技术、生产过程、产地等，这些特征都可以作为农产品定位的因素。根据农产品的特性进行定位如"绿色农产品""无公害蔬菜"等。根据农产品质量属性"无公害农产品""绿色农产品"等可以进一步精确定位到一定人群。

4. 根据消费者的习惯定位　这是由产品使用者对产品的看法确定产品的形象，进行目标市场定位。可以根据消费者的生活习惯、消费习惯、言谈举止、年龄性别、生活环境等定位。比如：对于富人来说，怕农产品不安全，怕没档次，怕没面子，怕没别人好；对于一般消费者来说，贪便宜，贪赠品，贪打折，贪比别人划算，贪省到了钱。可以抓住这两类消费者对产品的消费习惯，对农产品品牌进行定位。

（五）农产品品牌市场定位的流程

品牌定位是一个系统过程，品牌定位的工作流程大致分为以下四个步骤：产品市场分析，市场细分，目标市场选择，品牌定位。首先是对产品市场分析，收集企业相关的市场信息，研究市场上同类产品品牌特征、品牌策略，掌握各竞争品牌的情况；其次是市场细分，研究分析并确定本企业产品的主要竞争对手和竞争目标；再次是目标市场的选择，找到品牌的目标群体，为每一个细分市场，确定本企业品牌可能的位置；最后品牌定位是为每一个品牌进行明晰的市场定位，并制定宣传推广策略，塑造企业品牌形象。品牌定位后，市场部实施品牌管理工作，包括品牌宣传、维护，并根据公司的发展、消费者的偏好、社会环境改变等因素对品牌定位做相应调整，以利于企业发展。

农产品市场定位的实质是农业经营者取得在目标市场上竞争优势的过程。因此，市场定位的过程包括三个步骤，即明确自身潜在的竞争优势，选择相对的竞争优势，显示独特的竞争优势。

1. 明确企业潜在的竞争优势 营销人员通过营销调研，了解目标顾客对于农产品的需要及其欲望的满足程度，了解竞争对手的产品定位情况，分析顾客对企业的期望，得出相应研究结果，从中把握和明确企业的潜在竞争优势。

2. 选择企业的相对竞争优势 从经营管理、技术开发、采购供应、营销能力、资本财务、产品属性等方面与竞争对手进行比较，准确地评价企业的实力，找出优于对手的相对竞争优势。

3. 显示企业独特的竞争优势 企业通过一系列的营销工作，尤其是宣传促销活动，把其独特的竞争优势准确地传递给潜在顾客，并在顾客心目中形成独特的企业及产品形象。为此，企业首先应使目标顾客了解、认同、喜欢和偏爱企业的市场定位；其次，要通过一切努力稳定和强化目标顾客的态度，以巩固市场定位；最后，还应密切关注目标顾客对市场定位理解的偏差，及时矫正与市场定位不一致的形象。

（六）农产品竞争优势的确立

农产品品牌市场定位的实质是取得目标市场的竞争优势。为使自己的产品获得竞争优势，企业必须在消费者心中确立自己产品相对于竞争者产品独特的利益和鲜明的差异性。简单地说，就是要使消费者感到自己的产品与众不同，即与竞争者有差异，并且偏爱这种差异。从这个意义上讲，目标市场定位又是一种竞争性定位。

竞争优势是一个相对概念，当一个企业通过提供较低的价格或者较高的利益使消费者获得更大的价值，它就具备了竞争优势。某产品的"位置"取决于与竞争者相比较后消费者的认知、印象和情感等复杂因素。因此，企业要辨别目标市场上现有竞争对手及其产品的特色和地位，并决定自己产品的发展方向。

为了获得竞争优势而进行的目标市场定位包括以下主要任务：首先要确定企业可以从哪些方面寻求差异化；其次找到企业产品独特的卖点；最后要开发总体定位战略，即明确产品的价值方案。

二、农产品品牌名称设计

为了在激烈的竞争中增强品牌优势就需要告别"萝卜青菜，装筐就卖"的传统销售模式，建立农产品品牌的第一步需要设计品牌名称。农产品品牌名称是品牌最基本的形象符号，涉及企业战略、消费者体验等。一个好的品牌名称，可以帮助品牌快速被消费者识别与记忆，让品牌脱颖而出，进而加快传播。

 **案例七**

12个苹果

2014年12月12日,新农人的聚合营销产品"12个苹果"横空出世,如一道彩虹出现在生鲜电商迷雾重重的天空。仅仅24小时,通过微店"鲜生来了"共销售5 200箱(每人只能订一箱),获得了5 200个精准客户。纯粹的微博和微信传播,没有任何广告,没有名人代言,甚至没有流行的扩散抽奖活动,就产生了如此大的爆发力。这种社交裂变传播营销背后的逻辑值得我们认真总结探讨。梳理"12个苹果"案例,其成功的关键在于:

1. 好的创意激活需求 好的营销不仅仅是发现需求,更是唤醒需求,创造需求。随着生活水平的提高,物质供应极大丰富,现在的消费者被无数的信息包围着,审美疲劳,需求麻木,我们平时聚会总是问这样的问题:"今天吃什么呢?"而回答总是:"随便"。所以我们的产品必须能够引起消费者的兴趣,激发他的内在需求,才会有购买动力。对于大部分网络上活跃的消费者尤其是资深吃货来说,一次性品尝到全国12个主产区的优质苹果,又是12个代表性的新农人的产品,还是12种不同品种的,12地、12味、12人,让消费者充满期待。

2. 好的名字增添魅力 俗话说一举成名天下知,名正言顺。自古以来中国人都特别重视好名字。好名字自己会说话,互联网的传播特点让好名字的效果更加放大,先声夺人。简单易记又充满想象力的"12个苹果"让消费者眼前一亮。12是个神奇的数字,12星座、12生肖、12金钗、12分努力等,每个人心中都有自己的12,所以产生了探究这12个苹果背后故事的好奇心。

3. 好的时间点充满趣味和神秘 "12个苹果"选择在2014年12月12日上线,既有时间上的借势,又有营销节奏的布局。大家都知道过完"双11",大家都会期待"双12",双12是小卖家的狂欢日,尤其是农特产品的促销日,各电商平台的火爆促销,而消费者更是关注,会有哪些爆款出现,会有什么亮瞎眼的促销手段,在这样的氛围中登场无疑会更引人注目。

4. 新的售卖方式轻松自由 2014年大部分网商都是在相关平台上销售,都是要在PC端完成下单购买的。而"12个苹果"完全依靠移动互联网平台,通过微信公众号和口袋通微店完成推广和交易,都在手机上操作,让"12个苹果"不仅更显时尚，而且更方便购买和分享。大家在微博、微信上看到相关信息，直接点击链接就能完成购买，非常方便，如果要到 PC 端下单，很多人身边没有，很容易就放弃了。

5. 新的玩法时尚简单 "12 个苹果"的销售方案是：消费者先付 19 元邮费，收货品尝后任意打赏，既把定价权交给了消费者，又充满了自媒体时代的娱乐和互动元素。看到这个消息的人都会不由自主地下单，当一个时尚的品评人，同时也愿意把这样的消息转发给他们的好友。

6. 新的分享机制富有爆发力 基于微博、微信朋友圈，以特有的故事性、趣味性抓住消费者心理，鼓励消费者积极分享，探索了全新的社会化移动电商分享模式。

透过"12 个苹果"的案例，可以看出在移动互联网时代，生鲜电商的玩法正在悄然发生着变化，产地、产品、营销、传播、客服等已被打破了原来的条块分割，被整合到了一个扁平化的平台之上。新农人要想做好生鲜电商，就必须顺应这种趋势，熟知这种变化，充分运用好社会化传播之道，以全新的思维来推动电商实践。

（一）品牌名称设计原则

品牌名称是品牌最重要的信息，是形成品牌概念的基础。我们知道的著名品牌在品牌命名上都独具匠心又包含某种道理，有着更深层的含义，通过品牌名称或传达企业愿景，或传达品牌文化，或传达产品个性，包含着许许多多的偶然创意。农产品品牌名称需要做到足够简短，简单通俗，朗朗上口。如果是能做到"过目不忘，耳熟能详"，那就更棒了！品牌名称设计应坚持"四好一合法"原则。

1. 好听 品牌名称作用于人们的听觉，也依靠人们口口相传。好听的名字是促进传播的关键。

比如：农夫山泉品牌下的东方树叶，有意境；娃哈哈给人愉悦，小孩子哈哈大笑的形象就立马树立起来。

2. 好记 品牌名称设计时名字要够简单，一定要通俗易懂，符合潮流，符合用户的认知，方便理解和记忆。比如：呀，土豆；六个核桃；12 个苹果。

3. 好认 便于识记，简洁。不要读着绕口，搜起来还麻烦，说给别人听还得解释半天是哪几个字。最好就是你说出这个品牌名，别人一下子就能理解，还能很快地写出来。

比如：养生堂；滋养生命。

4. **好用** 规避重名，防范风险。如国产乔丹和美国耐克旗下的"Air Jondan"品牌商标争议。

5. **合法** 要注意品牌名称是否构成侵权行为，所命名的品牌名称是否在允许注册的范围之内。也要尊重文化和考虑跨地域限制，未来国际化，简洁简单，易于传播给消费者以正面联想，保持相对独特性，具有个性。

（二）品牌名称分类

品牌名称多种多样，例如，麦当劳是人物名称，KFC 是品牌名称缩写，999 是数字等。总体来说，品牌名称可以分为内涵型和内容型两个大类：

1. 内涵型包括明喻式、隐喻式和空瓶式三种形式

（1）明喻式品牌名称 直接使用产品的属性或功能作为名称。这种命名方式除制药行业外，其他行业很少运用。如：风湿骨痛膏、泸州肥儿粉等。

（2）隐喻式品牌名称 通过含蓄和暗示进行命名，隐喻是种非常简洁的表达经营理念的方法。如：可口可乐、华章天下等。

（3）空瓶式品牌名称 品牌名称本身没有任何意义，不会让消费者产生任何联想。如：搜狐、中国天机等。

2. 内容型 内容型即根据名称的内容不同，将品牌名称分为商标式品牌名称、数字式品牌名称、人物式品牌名称、动物式品牌名称、植物式品牌名称、时间式品牌名称和地名式品牌名称。

（1）商标式品牌名称 借用产品商标的名称作为品牌名称。商标式品牌名称又可分为全称式和缩写式两类。全称式品牌名称，如飞利浦电器公司的飞利浦电器。缩写式品牌名称是用商标名称的缩写来为品牌命名，基本做法是将品牌名称的每个单词首字母组合起来，如 KFC（Kentucky Fried Chicken）。缩写式品牌名称的特点是简单明了，但这种形式不容易记忆，因为缩写字母既未能说明企业特质，也难以使人联想到该企业的产品。

（2）数字式品牌名称 品牌名称由数字或数字与文字的组合组成。它的突出优点是便于企业进行国际化营销推广，因为阿拉伯数字是世界通用的。著名的数字式品牌名称，如 999 感冒灵、香奈儿 5 号香水、7－11 便利店等。

（3）人物式品牌名称 直接以人物名字作为品牌名称。该人物有可能是品牌创始人或设计者，如戴尔电脑、福特汽车和麦当劳食品等。中国的李宁牌体育用品，是体操王子李宁利用自己的体育明星效应创建的体育用品品牌。人物式品牌名称可以充分利用名人效应，吸引消费者的关注和认同，容易给消费者留下深刻印象。这里也可以用历史人物的名字，如：仲景牌六味地黄丸。

（4）动物式品牌名称　以动物名称作为品牌名称。这种方式时常能给消费者留下深刻印象，著名的有熊猫香烟、大白兔奶糖等。由于不同民族的风俗习惯有所不同，同一动物在不同民族文化里的象征意义也可能不同。

案例八

品牌名称国际化，文化差异要注意

我国出口的白象牌电池、白象方便面等在东南亚各国十分畅销，主要因为白象在这些国家传统文化中有吉祥的含义，但在英美市场却无人问津，因为白象的英文"white elephant"，其意思为昂贵无用，华而不实的东西，谁也不喜欢。这无疑会影响这些产品在英语国家的销售。

有时甚至一些无意识使用的颜色、数字、形状、象征物、身体语言等都可能会潜在地冒犯某种特定的文化习俗，例如百威公司广告中的青蛙形象已深入人心，它的很多广告都是以青蛙为"主人公"，但它在波多黎各却使用一种叫作"coqui"的当地吉祥物，因为波多黎各人把青蛙看作是不干净的。

（5）植物式品牌名称　以植物名字作为品牌名称，如两面针牙膏、苹果手机电脑。植物生长深受自然环境限制，不同地区的人们对植物的熟悉程度有差异、对植物的偏好不同，因此植物作为全球性品牌的名称就不太合适了。事实上，以植物命名的全球品牌并不多见。

（6）时间式品牌名称　以时间概念作为品牌名称。这种品牌名称的特色不够明显，只能用于地区性或地方性品牌，不宜用于世界性品牌。

（7）地名式品牌名称　以产品出产地或所在地的山川湖泊作为品牌名称。例如，青岛啤酒、万宝路香烟等，都是地名或地名的演变。以地名为品牌命名时要注意，地名要有特色、有知名度，这有利于品牌的推广。

（三）品牌名称设计的方法

案例九

可口可乐

可口可乐曾被评为翻译得最好的商标名。19世纪20年代，某品牌的国外饮料开始引入上海生产，其中文译名为"蝌蝌啃蜡"，奇怪的名字、棕褐色的液体、甜中带苦的味道、古怪的气泡，这种饮料的销售状况非常差。于是该品牌专门负责海外业务的出口公司公开登报悬赏350英镑征求译名。当时身在英国的一位上海教授蒋彝，便以"可口可乐"四个字击败其他所有对手，拿走了奖金。现在看来，这个翻译堪称经典。可口可乐，一直被认为是广告界翻译得最好的品牌名。不但保持了英文的音译，还比英文更有寓意。更关键的一点是，无论书面还是口头，都易于传诵。

可口可乐这四个中文字的意思是"可口"和"快乐"，用普通话读起来与"可口可乐"的英文发音相近。可口可乐四个字生动地暗示出了产品给消费者带来的感受——好喝、清爽、快乐——可口亦可乐。让消费者胃口十足，"挡不住的感觉"油然而生。也正因如此，可乐逐渐成为品类的代名词和行业标准。据说，Pepsi在进入中国时也被迫翻译成"百事可乐"，而不是"百事"。

有人说中国人是世界上最聪明的人，很多洋品牌进入中国都被我们翻译得恰到好处就是一个有力的证明。比如汽车中的（Benze）一开始翻译成了"笨死"，香港又叫"平治"，直到找到"奔驰"这个贴切的译名，才开始在中国大地上奔驰如飞。

品牌名称设计的方法，即企业经营者在为品牌命名时应遵循的原则。易读、易记是品牌名称设计中最根本的原则。品牌名称只有易读、易记，才能高效地发挥它的可识别性能和传播功能。如何使品牌名称易读、易记呢？这就要求品牌名称的设计遵循以下九项原则：

（1）简洁明快法　名字越短就越可能引起消费者的联想，含义也越丰富。多数高知名度的品牌名称都是非常简洁的。

（2）个性独特法　品牌名称应具备独特的个性，避免与其他品牌名称混淆。例如，日本索尼公司（SONY），原名为"东京通信工业公司"。公司产品准备进入美国市场时发现，美国市场上诸如此类的名称多如牛毛。最后，索尼公司将"SONNY"的一个字母去掉，变为"SONY"。这一名称不仅使SONY公司财运亨通，还成为消费者爱不释手的品牌。因此，为了企业的国际化发展，产品的名称一定要风格独特、醒目简洁，并能用字母拼写，在每个国家都保持相同的发音，以助于品牌名称的广泛传播。

（3）新颖别致法　名称要有新鲜感、时尚感，企业设计品牌名称时要跟随甚至引领时代潮流，创造新概念。

（4）读音响亮法　品牌名称的文字要易于发音，多音字和音韵欠佳的文字不宜用作品牌名称，朗朗上口的品牌名称才有利于声名远扬。

（5）高雅出众法　品牌名称要有内涵、有气魄、有情怀，带给消费者耳目一新的感觉。露华浓——REVLON，"云想衣裳花想容，春风拂槛露华浓。"看到这个诗句的时候，头脑里浮现的就是女孩子美美的样子。的确，REVLON 是一款国际知名彩妆品牌。

（6）启发联想法　品牌名称要有一定的寓意，让消费者能从中得到愉快的而非消极的联想。

（7）与标志物一致法　标志物是指品牌中可被识别但无法用语言表达的部分，如可口可乐的红白标志、万宝路的英文字体和麦当劳的黄色"M"等。标志物是企业经营者为品牌命名的重要参照物，需要与品牌名称的文字一起考虑。当品牌名称能够刺激和维持标志物的识别功能时，品牌的整体效果就能够得到加强。

（8）适应地域文化法　品牌名称对于相关人群来说，可能听起来合适，并使人产生愉快的联想，因为他们总是能从相关的背景出发，根据某些偏爱的品牌特性来考虑该名称。品牌不仅面向特定的消费群体，还需要面向潜在的消费者。因此，品牌名称需要适应目标市场上广大消费者普遍接受的文化价值观念。价值观念是一个综合性概念，包括风俗习惯、宗教信仰、民族文化、语言习惯和民间禁忌等，不同地区有不同的文化价值观念。开拓新市场，就需要入乡随俗，设计适应当地市场文化环境的品牌名称。例如 CUE 作为美国一个牙膏的品牌名，在法语俚语里却是屁股的意思。语言的差异使得一些信息不是被错误传播就是根本无法传播，即使同样的词在不同的文化中都会有完全意想不到的语意。

（9）受法律保护法　企业经营者应该意识到所设计的品牌名称要能够注册，受到法律保护。确定品牌名称时应该特别注意两个事项：首先，该品牌名称是否有侵权行为。在设计品牌时应查询是否已有相同或相近的名称被注册，如果有，则必须重新命名。其次，企业要注意该品牌名称是否在允许注册的范围以内。有的品牌名称虽然不构成侵权，但仍无法注册，难以得到法律的有效保护。

三、农产品品牌标志设计

(一) 品牌标志的作用

品牌标志直接作用于消费者的视觉，可以帮助企业进行宣传和传播，相较于文字，更容易识别和记忆。

1. 简洁明了，便于识别　在琳琅满目的货架上，如果看到"两只小鸟在巢旁"，会立即辨别出这是雀巢咖啡；看到麦当劳金色的"M"标志，便想到要吃汉堡包（快餐）（见图2-3）。这种生动形象的品牌标识更有利于消费者识别和记忆。简洁明了的标志物可以使消费者快速反应与识别，便于区分不同品牌。

图2-3　快餐标志

2. 引发消费者的联想　品牌标志不同于品牌名，它以形象、直观的形式向消费者传达品牌信息，以创造品牌认知、品牌联想和消费者的品牌依赖，从而给品牌企业创造更多价值。

旺仔牛奶可爱的小孩形象，让人想到活泼开朗的小孩子，星巴克"双尾鱼女神"标志，使消费者联想到异域风情和浪漫色彩。品牌标志激发消费者好奇心，使消费者在见到品牌标志时对这个品牌产生喜爱之感。童真的米老鼠、有趣的海尔兄弟、快乐的绿巨人、骆驼牌香烟上的骆驼、凯勃勒小精灵等，这些标志可爱、易记，能激发受众的童心，对其产生好感。这个时候，品牌标志就起到桥梁作用，它让消费者把自己积极、乐观的情感表达在这个品牌之上。而消费者对品牌产生的好感，自然就变成了企业成长的一种动力。

案例十

六月鲜酱油引发的品牌联想

六月鲜系列酱油的独特风味是优质大豆与冬小麦碰撞、发酵而产生的。六月鲜只选用精选自东北的非转基因脱脂大豆，并去除了对酱油酿造无用的油脂，留下的优质蛋白能带来酱油的自然醇鲜。而产自山东的优质冬小麦在经过如咖啡般的烘焙之后，散发出了更加浓郁的天然醇香。两种原料碰撞激发出醇厚香味，经过6个月足期的全封闭酿造，让原料充分分解，产生出自然酿造形成的包括了8种人体必需氨基酸、游离异黄酮、脂类等风味、生物活性物质，使酱油的营养色泽都达到最佳。

每一瓶六月鲜酱油，都经过长达六个月的恒温酿造，代表着行业的最高标准。而六月鲜引领的"减盐"理念，更使得滴滴鲜美回甘的六月鲜酱油在给消费者带来醇正口感的同时，也将健康带到中国每个家庭的餐桌上。六月鲜将孕妇作为广告的代言人，引起人们无限的品牌联想。如果说孕妇都能够放心食用的酱油，那普通人还有什么担心的呢？

3. 促使消费者产生喜爱的感觉 标志要让人们感知到这个品牌是干什么的，它能带来什么利益。比如食品行业的特征是干净、亲切、美味等，房地产的特征是温馨、人文、环保等，药品行业的特征是健康、安全等，品牌标志要很好地体现这些特征，才能给人以正确的联想。带有正面积极的品牌标识物，在一定程度上能促进消费者对该品牌产品产生好感。例如，QQ的企鹅标识、康师傅方便面上的胖厨师等（见图2-4），一般来说，消费者倾向于把某种感情（喜爱或厌恶）从一种事物传递到与之相关的其他事物上。因此，消费者对企业或品牌的标志产生的好感，往往会转移到企业或品牌上，这将有利于企业经营者开展营销活动。

图2-4 QQ标志与康师傅标志

（二）标志物设计的诀窍

品牌可以通过标志物加深消费者的印象，通过标志物设计传达品牌理念与品牌形象。品牌标志物是公众识别品牌的"指示器"，它能够引发品牌联想，加深品牌认知，提高消费者的品牌忠诚度。品牌标志物通过不同符号与图案的碰撞，颜色与符号的结合，富有创意地表达品牌信息。品牌标志物设计也有一定的小诀窍。

1. 各种图形少不了，简单鲜明好识别　　在设计品牌标志物时一定要呈现出奇制胜的视觉效果，独特的品牌标识物是品牌无声的宣传者。简单鲜明的品牌标识物有助于吸引消费者的注意力，不同图形线条元素的使用都有讲究。直线代表果敢刚毅、曲线代表柔和优雅、圆形代表圆满平衡、三角形代表稳定永恒、螺旋状代表升腾进步等。

 案 例 十 一

讴歌汽车车标

讴歌车标图案是一个机械的卡钳，寓意讴歌对细节的关注和技术的精湛！全球网络化时代，@符号世人皆知。有意思的是，如果将小 a 换成大 A，那么它就变成了风靡北美的豪华品牌 Acura（讴歌）的标志（见图 2-5）。Acura 源于拉丁语中的"acu"，意味着"精确"。最初，Acura（讴歌）用一把专门用于精确测量的卡钳为 LOGO 的原型，作为点睛之笔，后 Honda 创始人和精神领袖本田宗一郎在两个钳把之间加入了一个小横杠，由此用象形的大写字母"A"来代表这一品牌。不论是拉丁语原意还是作为标志原型的卡钳，都寓意着 Acura（讴歌）这一代表着最高造车水平品牌的核心价值：精确、精密、精致。本田宗一郎说：独特的发明创造，如果不能及时地提供给社会，它将毫无价值。Honda 研究人员认为他们不是在研究技术，而是在琢磨人的心理，想尽一切办法，用

图 2-5　讴歌汽车车标

尽一切先进技术来满足人们的心理。所以，Honda 始终强调用户满意第一。正是在这种理念的指引下，自 1986 年 Acura（讴歌）在美国诞生以来，便备受人们推崇，迅速成为北美市场上最成功的豪华品牌之一，目前全球销量超过 320 万辆。2006 年，Acura（讴歌）登陆中国，给中国高端消费人群带来了全新的北美"运动豪华"之风。

2. 独特新颖有创意，准确寓意要牢记　品牌标志物的设计感体现品牌的新颖与独特性，加深消费者印象，更加有利于消费者识别。具有独特新颖的品牌标志物可以传达品牌的个性与理念，帮助品牌形象的树立。品牌标志物的选择也要与品牌的名称和寓意相匹配。品牌标志物赋予绝妙的寓意更能扩大品牌的影响力。大众汽车公司的德文 Volks Wagenwerk，意为大众使用的汽车，标志中的 VW 为全称中头一个字母。标志像是由三个用中指和食指做出的"V"组成，表示大众公司及其产品必胜—必胜—必胜。奔驰：1909 年 6 月戴姆勒公司登记了三叉星作为轿车的标志，象征着陆上、水上和空中的机械化。1916年在它的四周加上了一个圆圈，在圆的上方镶嵌了 4 个小星，下面有梅赛德斯"Mercedes"字样。保时捷右上方和左下方的黄色条纹代表成熟了的麦子颜色，喻指五谷丰登，商标中的黑色代表肥沃土地，商标中的红色象征人们的智慧与对大自然的钟爱，由此组成一幅精湛意深、秀气美丽的田园风景画，展现了保时捷公司辉煌的过去，并预示了保时捷公司美好的未来和保时捷跑车的出类拔萃。

3. 动静结合好精致，稳定适时跟步伐　中国古诗中"明月松间照，清泉石上流"，以静态的月光与动态的泉流交相呼应，在美学中动与静的结合总能更加突出想要表达的含义。在品牌标识中，将动与静结合起来使品牌标志更加生动形象。造型优美流畅、富有感染力，保持视觉平衡，使标志既具静态之美，又具动态之美。百事可乐的圆球标志，堪称成功的设计典范，圆球上半部分是红色，下半部分是蓝色，中间是一根白色的飘带，视觉极为舒服顺畅，白色的飘带好像一直在流动着，使人产生一种欲飞欲飘的感觉，这与喝了百事可乐后舒畅、飞扬的感官享受相一致。

📑 案例十二

星巴克的四代标识

2011 年 3 月 8 日，全球知名企业星巴克在北京、西雅图、纽约、巴黎同步举行了全新品牌标志揭幕仪式。星巴克国际公司总裁约翰·卡尔弗（John Culver）亲临北京星巴克蓝色港湾店揭幕全新品牌标志，新标志效法了苹果和耐克等品牌的无字标志，把以前星巴克标志上的英文 STARBUCKS 和 COF-FEE 两个词移除，长发双尾美人鱼图案成为唯一的识别符号。这个新标志刚好配合星巴克创立 40 周年推出，也是星巴克的第四代标志。它的上一代标志是在 1992 年推出的。卡尔弗表示，星巴克品牌通过不断地衍变以适应越加复杂的全球市场，这种衍变肩负着两个重要使命：信奉并尊重深厚的咖啡传统，同时让星巴克变革成更如符合未来发展趋势的公司。即日起，全球顾客在星巴克门店看到了标志性的白色咖啡杯及全新的品牌标志（见图 2-6）。

图 2-6 星巴克标志

　　品牌标志是品牌建设中需要消费者用视觉来加以识别、区分的概念。它的外在表现为各种图案造型与色彩组合，以展示自己的独特形象和企业文化。因品牌标志被运营者赋予了独特的文化内涵，它对企业具有重要的现实意义。一个完整的品牌标志的要素主要包括品牌标志物、标志字、标志色、标志包装，其中品牌标志物尤其重要。品牌标志可以帮助企业进行品牌宣传，也可以帮助消费者进行品牌的识别。品牌标志是企业重要的财产，因此受到企业重视。

四、农产品品牌形象塑造

　　品牌形象对于品牌，就相当于人格魅力对于个人，好的品牌形象可以减少企业与消费者之间的沟通成本，也能帮助消费者做出购买决策。恰到好处的品牌形象是企业的重要资源，"假如可口可乐的工厂被一把大火烧掉，第二天全世界各大媒体的头版头条一定是银行争相给可口可乐贷款。"这就是好品牌的作用。品牌形象塑造是一项长期而艰巨的任务，它不是哪一个具体行动就可以完成的。它需要按照一定的原则，通过一定的途径，全方位地精心塑造。

（一）农产品品牌形象塑造的原则

　　1. 科学性原则　品牌形象的塑造不是盲目的，而是在了解企业、产品或服务和消费者需求等要素的基础上来进行的。品牌形象的塑造需要运用科学的方法和严格的程序。我们都知道以中草药闻名的霸王洗发水，曾将自己的产品线延伸到了凉茶领域，从日化行业跨入饮料行业，有悖于消费者对原有品牌形象的认知，因此在品牌形象塑造上一定要遵从科学性原则，错误的品牌形象会导致品牌在消费者心目中大打折扣。

　　2. 求异原则　敢于做第一个吃螃蟹的人。在各种产品市场日渐饱和的时候，如何从中分得一份蛋糕，就需要每个企业各显神通。如果品牌形象大同小异，那么就很难在消费者心目中产生重要的影响。在洗发水的种类与品牌日趋饱和的状态下，还想要在洗发水行业发展，就需要企业另辟蹊径，比如保洁公司推出的滋养头皮，无硅油无刺激的滋源洗发水。

3. 长期性和兼容性原则　品牌形象要保证促进企业的长远发展，在塑造品牌形象时应该与企业形象保持一致并且相互增益。既要考虑其长期发展的必要性，也要考虑其与产品的兼容性。比如专注于休闲食品的旺旺集团，常常将公司名称用在许多产品上，使其公司品牌成为终极系列的品牌，推出旺旺雪饼、旺旺米饼、旺旺小小酥等系列产品，在品牌形象塑造上都偏重于休闲，与企业形象保持高度一致，保证子品牌与公司品牌形象的一致性，从而延长品牌的寿命，增强品牌的组织形象，使消费者更加信服。

4. 民族性原则　从品牌创造之初到品牌在空间上走向国际化，品牌本身的民族文化特质仍是品牌取得成功的根本。一个优秀的悠久的国际品牌，也代表了这个国家和民族的文化输出。法国的香奈儿香水表达了法国人钟情自由，追求浪漫的性格特征，瑞士的劳力士体现了瑞士人精益求精、有品位的特质。"格力，让世界爱上中国造"，面对中国制造，格力电器董事长董明珠始终对此保持着清醒的头脑，"中国的企业家，应该更多地聚焦实业。没有实体经济，就不会有中国经济的未来，没有中国制造，就不会有国家的全球尊严！"

案例十三

农夫山泉

　　从农夫山泉的商标（见图 2-7）看，商标的上方，是连绵的绿色山脉形状，同时，在山脉的上方还有鸟在空中飞翔。从色彩看，绿色通常作为环保、富有生机、纯天然的象征。山与鸟以绿色作为映衬，给人一种环保、安全、天然的感觉。商标的下方是红色的农夫山泉名字，红色通常给人一种视觉上的刺激，内容显著，令人瞩目。从商标的整体来看，绿色与红色的搭配，色彩对比鲜明，令人印象深刻。既体现了其产品环保的特点，又令人注目。提高了关注度，简单易懂，个性鲜明。

图 2-7　农夫山泉商标

品牌设计的禁区

依据《中华人民共和国商标法》第八条得知，品牌设计有以下禁区：

(1) 同中华人民共和国的国家名称、国旗、国徽、军旗、勋章相同或者近似的。

(2) 同外国国家名称、国旗、国徽、军旗相同或者近似的。

(3) 同政府间国际组织的旗帜、徽记、名称相同或者近似的。

(4) 同"红十字""红新月"的标志、名称相同或者近似的。

(5) 本商品的通用名称和图形。

(6) 直接表示商品的质量、主要原料、功能、用途、重量、数量及其他特点的。

(7) 带有民族歧视性的。

(8) 夸大宣传并带有欺骗性的。

(9) 有害于社会主义道德风尚或者有其他不良影响的。

县级以上行政区域的地名或者公众知晓的外国地名，不得作为商标，但是，地名具有其他含义的除外；已经注册的使用地名的商标继续有效。

（二）品牌形象塑造的过程

品牌形象塑造是一个长期而艰巨的任务，它不是一个单独的简单过程，它是按照一定的原则与途径，进行有计划地塑造的过程。品牌形象塑造的过程可依次分为市场调研、策略制定、品牌形象的设计、品牌形象的传播、品牌形象的维护和消费者偏好分析等。确定品牌形象塑造的过程，并使工作按规则展开，有利于品牌形象的树立。

1. 市场调研　收集品牌所在的行业与竞争者品牌形象的详细信息，分析行业的特征与竞争对手品牌形象的好坏，做好品牌形象调研，帮助企业快速了解品牌所面临的具体情况，为制定合适的品牌形象做好准备。在进行调研时，遵从调研的客观性与实效性，认真分析各个环节可能出现的问题，做好分析与把控。品牌形象的调研程序遵从设计调研方案、拟定调研问题、确定调查内容、资料整理、分析资料这样的流程。

2. 策略制定　在竞争激烈的行业，产品功能的差别越来越小，仅借助产品功能进行产品宣传，很难在激烈的竞争中突出重围，品牌形象策略制定需要充分挖掘并赋予品牌鲜明的风格。

（1）品牌感情策略　品牌是企业与消费者之间产生沟通的桥梁，品牌在形象塑造的过程中注于品牌感情，更能使品牌与消费者产生情感共鸣。晓之以理，动之以情，将品牌赋予感情，使品牌形象更加饱满立体，更能触动消费者心智，打动消费者。

☰ 案例十四

励志橙：讲好品牌故事，加倍农产品身价

讲好品牌故事身价涨了十倍的褚橙，可算是农产品故事讲得最成功的一个。曾经的"烟王"褚时健75岁二度创业，承包了2 000亩荒山创业，85岁时他的果园年产橙子8 000吨。

2008年以前，这个品种的冰糖橙在云南的收购价只是几毛钱一斤（1斤＝500克），在杭州地区的售价约2.5元一斤，销量很平淡。随着王石、潘石屹等知名人士在微博上的力捧，"褚橙"的传奇故事引爆公众话题，并被誉为"励志橙"。目前，"褚橙"的市场售价为108～138元/箱（5千克），而且不愁销路。一枚精心包装的冰糖橙和一位洞悉商业智慧的营销天才，巧妙地描述了一个切合时代脉搏的励志故事，75岁老人在跌倒之后选择二次创业并最终取得成功。这种讲故事的背后，是农产品营销的一种创新。整个传播展示出：品牌是有温度的。讲故事，可以让购买者感受到品牌的温度。人生总有起落，精神终可传承……其中，励志、不服输的精神、创新精神、工匠精神等恰恰是这个时代需要的精神。褚橙的问世与消费者内心的渴望、认可得到碰撞，从而占领了消费者内心。随后借助互联网平台，褚橙传播渠道得到进一步放大。当然，褚时健卖橙，他的成功之道在于，种出高品质的好水果，然后引入创意与实力兼具的生鲜电商平台作为产品营销的战略合作方，当好的产品遇到好的渠道和销售模式，犹如好马配好鞍，成功是水到渠成的事情。

（2）权威人士形象策略　使用权威人士策略，有很强的说服力，并且提高消费者的信任度。在一则牙膏广告中，一个慈祥亲切、知识渊博的牙医，在向孩子们讲述高露洁牙膏是如何以双层氟化物特护牙齿的，其中没有敷高露洁牙膏的白色贝壳在小槌的轻敲下塌陷了一侧。这则广告就产品对保护牙齿、保健口腔有无实效展开诉求，广告简洁平实，却具有很强的说服力。

（3）文化导入策略　品牌文化凝聚着品牌深刻的文化内涵，在充分利用各种有效传播途径进行传播时，形成消费者对品牌在精神上的高度认同，最终形成强

烈的品牌忠诚。在品牌中导入文化可以使品牌形象更加丰富，有层次。

（4）代言人策略 代言人是指为企业或组织的营利性目标而进行信息传播的特定人员，要求代言人的形象与品牌形象相契合。很多知名品牌都会选择知名度较高的明星作为代言人，利用明星的知名度与品牌进行合作，拉近与消费者的距离。

3. 品牌形象的设计 品牌形象设计主要包括品牌的名称、标识物和标识语的设计，它们是该品牌区别于其他品牌的重要标志。品牌所有的特征，具有良好的宣传、沟通和交流的作用。标识物能够帮助人认知并联想，使消费者产生积极的感受、喜爱和偏好。标识语的使用一是为产品提供联想，二是能强化名称和标识物。企业为使消费者在众多商品中选择自己的产品，就要利用品牌名称和品牌设计的视觉现象引起消费者的注意和兴趣。这样，品牌的真正意义才会显现出来，并日渐走进消费者的心中。

4. 品牌形象的传播 品牌形象想要被消费者感知与接收，首先是让消费者看到。通过线上或者线下的传播渠道，借助传播的载体，通过销售或宣传活动将品牌形象传达给消费者才有意义。随着互联网技术的发展，借助社交媒体，建立品牌传播渠道，向特定的消费群传达品牌信息，传播的将更有效。

5. 品牌形象的维护 企业在进行品牌形象塑造时，付出很多的人力、物力、财力。品牌形象的维护，就是要求企业尽力控制和掌握目标消费群对品牌的感觉和信念，根据目标消费群体消费需求层次的变化，随时把握消费者对品牌感觉和信念的变化趋势。充分利用那些能赋予和提升该品牌价值的感觉，同时消除那些不能使品牌核心价值与消费者生活方式产生互动，以及与市场环境变动相适应的感觉，随时根据消费者需求的变化对品牌核心价值进行维护。不断维护核心价值的目的就是要凸显品牌形象的独特性。具有良好品牌形象的产品不但要在性能、形状、包装等方面满足消费者的偏好，更要在等级、身价和高雅形象上满足消费者的心理。

6. 消费者偏好分析 品牌偏好指数分析法，是指通过调查分析消费者群体对某品牌的喜好程度（即偏好指数），结合该品牌的市场认知度、市场定位和市场占有率等因素，获得品牌管理的改进策略和措施。新时代的营销策略不再以企业为主导，而是以消费者为主导，品牌形象成功与否，由消费者决定，通过对消费者偏好的分析，来衡量品牌形象的成功与否。

案例十五

"民和丰"大米——粮食品牌养成记

"民和丰"是一个东北的大米品牌，它选择了适合当地种植的"稻花香"新品种水稻，将收割的稻米进行一系列的制作加工，以最低程度地破坏稻米外观，最终加工成消费者喜欢的高品质大米，实现了大米质量的大幅度提高。

创建该品牌的是明宇家庭农场，其于2014年申请注册"民和丰"牌大米商标，并采用专业生产和先进的包装方式，满足了消费者对大米的高质量需求。该农场主要生产两种类型的大米，即"超级香"米和"稻花香"米，其中超级香米为4.8元/千克，稻花香稻谷为4.8元/千克，成品米为9元/千克。通过建立品牌，"超级香"米和"稻花香"米每500克分别增加收入2.1元和0.9元。明宇家庭农场顺应市场发展的大趋势，不断满足消费者需求，深入探索农产品的品牌价值，使"民和丰"牌大米的营销效果显著。远销抚顺、辽源、通化、长春、通辽、天津等城市，并建立了良好的市场信誉。

第一，规范土地流转，推动土地集约。明宇家庭农场目前共经营340亩土地，其中自承包地有10亩，其余均为流转土地，分为2个大块地和4个小块地。然而，在进行土地流转过程中并不总是一帆风顺的，部分小农户并不愿意将自己的耕地出让，但是农场的专业化和机械化操作必须通过该地块。通过村委会调解，承诺优先雇用等措施，最终流转了一些"插花田"，使耕地集中而连续，这更适合于专业化、组织化和机械化作业。

第二，注重农业机械化，提升生产效率。大规模的耕地和农田使先进农业机械设备的应用成为可能。目前，农场的机械化不仅降低了生产成本，而且提高了工作效率。在耕作土地时，使用深耕机械会使耕作层变厚，从而增强农作物的根系，同时还可以提高耕作层的温度并杀死病虫害。采用种苗育苗和移栽机械化，可使苗在生长初期和后期的生长均匀整齐，更有利于田间管理。在秋季收获期，大型联合收割机可一次性完成收获和脱粒。

第三，改进稻谷品种，促进品质优化。农场的早期产量很高，但加工后的大米品质较差，无法满足市场需求。农场根据市场需求引进适合当地种植且品质优良的品种——稻花香大米。尽管产量下降，但优良的品质满足了市场需求，赢得了消费者的青睐。2018年，农场又引入了一个新品种——稻花香早香，并建立了耕地，为品种比较和推广奠定了基础。

第四，科学田间管理，提升水稻品质。"民和丰"不断完善生产标准体系，建立完整的财务收入记录和购买记录，并在生产过程中不断探索高质量的农场发展模式。关于农田施肥，要求有关部门进行土壤测试，以有效地提高农用肥料的施用效果。例如，种植后2周，复合肥料为每亩12～16千克，并按相应比例使用除草剂。在灌溉方面，移栽幼苗时最好在露泥时间。如果移植后阳光明媚，第二天要补水。移植后若阴雨密布，则在第四天补水；移植后半个月下田检查，如果脚踩后有气泡，必须将水排出。补水后3天再检查一次，直到泥浆露出为止。这不仅可以促进稻米的坚实根，还可以避免日后倒伏。

第五，合理应用网络，拓展资源平台。"民和丰"通过建立与种粮朋友的交流小组等渠道获取市场信息，从而准确地掌握了市场的最新动态，分享农场的种植经验，就生产和销售环节中遇到的问题提供反馈，并建立有效的沟通机制。而且，"民和丰"通过网络交流方式建立了长期诚实的销售关系，使自己的大米供不应求，赢得了消费者的青睐。

 议一议

1. "民和丰"的品牌发展道路分为哪几个阶段？

2. 你认为"民和丰"是如何进行粮食品牌定位的？

案例十六

"农业＋旅游"的特色品牌定位

重庆市涪陵区"洪家大院"家庭农场，通过"农业＋旅游"模式，打造精品果园，扩大增收渠道，摸索出一条适合当地发展的特色农业品牌之路。洪家大院家庭农场利用三峡库区自然风光优美秀丽，距离市区路程较近，交通便利的优势，开展休闲农业观光旅游项目，发展集约化水果产业，延长产业发展链条，通过"农业＋旅游"模式多元增收，通过"互联网＋"电子商务平台拓展市场。

"洪家大院"家庭农场主是1964年出生的洪万丰，从1994年开始一直在涪陵城区做客运车司机。2013年，外出游玩的时候，偶然碰到一家专门种植葡萄的家庭农场，使洪万丰意识到特色经营所带来的好处。洪万丰老家地理位置便利、自然气候好、风景秀丽、土壤质量好，因为缺乏劳动力，村里还闲置有许多土地，能不能把这些闲置的土地流转过来搞个果园，由自己一家来经营，生产绿色安全放心的农产品呢？在洪万丰老父亲的殷切期望与国家适时出台的支持家庭农场发展政策的鼓励之下，洪万丰返乡"重操旧业"，走上"农业＋旅游"的发展之路。

第一，精准市场定位。洪万丰根据当地的土壤与气候特征，筛选出一些果树品种进行种植。在有关部门的协调下，洪万丰等人专门前往江苏、浙江等家庭农场示范区实地考察学习。学习结束后引进了夏黑、阳光玫瑰等畅销类葡萄品种，还引进了水蜜桃、草莓、无花果、车厘子等人气单品。在种植过程中，不断摸索总结，最终打造出"四季果园"，实现了"四季有果摘、四季有客来"的丰收景象。

第二，绿色品牌经营。"洪家大院"秉承绿色生产经营理念，致力于生产"安全、优质、营养"的绿色食品，坚持用绿色食品标准来规范农场的生产经营。生产过程中采用生物防治、测土配方施肥等绿色生产技术，全面施用农家肥和有机肥，进行绿色施肥。在政府的大力支持下，农场引进了新型草莓立体栽培技术和"鼠茅草"以草治草的果园管理技术，不断改善农场生产环境，实现绿色种植，打造绿色生态农场。2017年，洪万丰家庭农场申请通过了三个农产品无公害认证。后期又申请并注册了"洪老幺"商标。

第三，多功能策略。为了吸引更多游客，增加农场收益，"洪家大院"农场充分发挥了交通便利的优势，以果园为依托，全方位、多方面开发农场休闲旅游属性。借此吸引市区居民闲暇时光进行农场之旅。除了必备的乡村游玩项目，还建设有儿童游乐园、休闲棋牌室等项目，也为游客提供民宿接待，提升游客生态旅游体验，集生产、休闲、娱乐、旅游于一体。2018年，前来"洪家大院"农场休闲娱乐的人数高达4 000人次。

第四，"互联网＋精准营销"。在"互联网＋"电子商务技术的快速发展下，"洪家大院"利用各种互联网平台，加大农场的推广宣传。例如论坛、公众号、朋友圈等，使得"洪家大院"获得了一定的知名度。通过微信公众号和小程序，拓宽了"洪家大院"农产品的销售渠道。2018年，"洪家大院"的线上交易额占农场总销售额的15％。为了节约农场的经营成本，洪万丰及家人"身兼数职"，为农场节约了一笔不小的开支。线上线下双线协作，共同发力，使得"洪家大院"农产品畅销无阻。

议一议

1. "洪家大院"的市场定位是什么？

2. 你认为"农业＋旅游"类特色品牌的建设步骤有哪些？

 案例十七

草莓的科技发展之路

一颗草莓能蕴涵多少科技元素？围绕草莓又能发展出一个怎样的公司品牌？一位热爱农业的硕士研究生王智豪给我们展示了一颗草莓的科技发展之路。王智豪创建的河南凤彩农业发展有限公司目前生产销售草莓脱毒基质种苗300万株，草莓生产苗1 000余万株，生产基地遍布省内外多个地区，市场覆盖全国20多个省份。

第一，深入挖掘产品科技内涵。"凤彩农业"成功申请了河南省草莓新品种培育工程技术研究中心，围绕草莓配套的栽培设施设备、农业物联网系统和基质有机肥已申请实用新型专利4个。投资建设了河南省为数不多的草莓组培脱毒实验室和土壤肥料检测化验实验室，并以此为平台由劳动密集型的育苗行业逐渐转入技术密集型的农业检测、脱毒原种苗、无土栽培、农业物联网等高门槛行业，此外还联合清华大学博士团队开展农业大数据、草莓机器人、人工智能AI种田、植物生长模型方面的探索研究。

第二，抢占产业发展的先机。"凤彩农业"是国内最早开展草莓工厂化育苗、高山育苗和冷藏育苗，最早进行立体无土栽培技术推广，最早进行省力化轻简化栽培技术推广，最早应用农业物联网技术进行园区建设的少数草莓公司之一。近年来参与发起成立了河南省草莓协会，成功申请了国家级"河南浆果星创天地"，公司草莓育苗基地被授予"中国农业大学教授工作站""河南省现代农业产业技术体系草莓产业示范基地"和"河南省大宗蔬菜产业技术体系首席专家工作站"，已建成河南省标准最高的草莓产业示范园，建设了适合本地气候特征的新型温室，汇集67个草莓品种，采用最先进的立体无土栽培模式，应用最新技术成果，已成为中原地区的"草莓硅谷"。公司先后两次承办河南省无土栽培会议，在瓜菜NFT栽培技术领域国内领先。

　　第三，充分拓展草莓相关的社会化服务项目。"凤彩农业"面向全国开展农业社会化服务，包括工厂化育苗、立体无土栽培技术推广、农业物联网水肥一体化技术推广、新型温室大棚设计建造、植物组培脱毒快繁、土壤肥料检测化验和现代农业技术服务等。

　　第四，打造个人形象品牌，进一步扩大品牌知名度。"凤彩农业"负责人王智豪近年来被评为河南农业大学十佳创新创业标兵、河南省农村青年致富带头人、河南省贫困村创业致富带头人、河南省广播电视台农村广播特约草莓专家、河南省优秀农民田间学校校长、联合国开发计划署亚太青年论坛代表等荣誉称号，并入选国家教育部优秀创业人物。创办的河南凤彩农业发展有限公司先后被授予首届中国农民丰收节最受欢迎的农业企业、睢县草莓协会理事长单位、商丘市级扶贫龙头企业、商丘市级科普园、河南省级扶贫龙头企业等荣誉称号。睢县河南凤彩草莓产业示范基地先后多次接待党和国家领导人的观摩视察，受到社会各界的普遍好评。

议一议

1. 你认为"凤彩农业"为什么要拓展社会化服务项目？

2. 你如何看待公司负责人个人形象塑造对品牌建设的作用？

模块三

选个好媒体：如何传播农产品品牌

 学习目标

通过本模块的学习，学员要了解品牌传播的背景及多年来品牌传播的影响，了解品牌传播手段，认识各个传播手段及利弊。根据农产品特质选择更为合适的传播媒介组合，达到更好的传播效果。

一、了解品牌传播——打好农产品品牌传播基础

（一）何谓品牌传播

1. 品牌传播的定义 品牌传播是品牌所有者通过各种传播手段持续地与目标受众交流，最优化地增加品牌的知名度、忠诚度等品牌资产的过程。品牌传播有三个主要的特征。首先，品牌传播需要传播媒介，怎样高效地利用传播媒介是品牌传播的关键。其次，品牌传播是为了提高品牌忠诚度、知名度、认知度、联想度。最后，品牌传播的最终接受者并不仅仅是消费者，还包括潜在消费者。不断地扩展品牌的消费者与关注者，是品牌传播的关键目标。

农产品品牌传播是指在深入洞察消费者心理的同时，运用多种传播手段，加深消费者对产品的印象，建立产品与消费者之间稳定的关系。一种新的农产品上市时，要先让消费者知悉这种农产品，并在一定程度上接受这种新的产品。

> **⭐ 案例一**
>
> ### 江小白的品牌传播
>
> "江小白"原本是重庆江记酒庄生产的一款高粱酒，后江记酒庄被重庆江小白酒业有限公司并入，于是推出"江小白"同名的白酒品牌。这款于2012年创立的白酒品牌，在竞争激烈的白酒行业，做到了年销售额3亿元、每年100%逆势增长、京东官方旗舰店两周销售1 000万元的成绩。"江小白"的目标消费者定位为80后、90后的年轻白酒消费群体，那时，这个群体是刚进入职场打拼有可能遭遇挫折、挑战、迷茫等困境的年轻人，他们消费能力较低，

但对生活的质量有一定的追求。"江小白"在品牌成立初始就有别于传统白酒品牌，提出"我是江小白，生活很简单"的理念，推出轻度青春小酒"江小白"，只印有文艺语录的简单包装，与年轻人追求"轻便、简约"的白酒消费需求和简单纯粹的生活态度相吻合。同时通过在互联网投放不同类型广告、电视剧植入广告及拍摄动漫《我是江小白》等方式建立与目标消费者的联系，时而暖心时而"扎心"的文案迅速在消费者群体中引起共鸣，并带动消费者自发为其品牌进行二次传播。

"江小白"在几年时间内迅速占领了年轻人的酒桌市场，其成长势头迅猛。如今，我们随意走进一家餐馆，墙面海报、柜台标签乃至餐桌上的牙签盒都印有"江小白"的广告，其品牌通过一系列社会化营销传播和品牌传播在消费者心目中建立起良好的形象。于是，以"江小白"为代表的新兴白酒品牌，简单的包装、"扎心"的文案加上依托新媒体技术进行大范围的营销，在年轻消费者群体中迅速掀起一股喝"青春小酒"的潮流。总的来说，当前的"青春小酒"品牌，尤其以"江小白"为代表的新兴白酒品牌，能够突破传统白酒市场重围，带动新的饮酒时尚和生活方式，这其中品牌传播实践活动功不可没。

"江小白"的品牌传播策略主要包括趣味性策略、个性化策略、互动性策略三类。更重视传播的双向性，更注重品牌与顾客之间共同创造的价值。

一、趣味性策略

1. 利用趣味性包装抓取消费者注意力　品牌的包装设计分为设计手段、设计的实现方式以及设计的思维，江小白的包装元素也遵循其规则。以江小白最火的表达瓶为例，其包装由简约小玻璃瓶、文案、动漫人物和色彩组成，这些元素的综合体向消费者传达了生动活泼的品牌形象（见图3—1）。

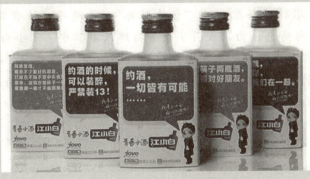

图3—1　"江小白"的包装

2. 巧搭趣味性的热点，提升品牌曝光度 有段时间，"官宣体"火爆整个网络，微信公众号、朋友圈、微博都在模仿"官宣体"，"官宣体"成了一种全民的狂欢。而江小白在《我是江小白》第二季播出前夕，便搭了"官宣体"的便车（见图3—2），在微信公众号推文成功地宣传了《我是江小白》动漫第二季，浏览量达到了10万，在留言区引发粉丝对爱情的感慨，江小白后台用俏皮的画风对这些留言逐一回复，充分调动了粉丝的参与性与表达欲，增加了用户的黏性，巩固了品牌形象与粉丝忠诚度。

图3-2 江小白仿官宣体宣传图

二、个性化策略

1. 打造兑饮潮流，实现口感升级 江小白基于消费者追求时尚的心理对其白酒产品做了个性化的衍生，推出了一系列的兑饮方式。人们可以在江小白系列白酒的基础上加入养乐多、牛奶、脉动、绿茶等饮品混合饮用，而且兑完之后酒体不会变浑浊。这种兑饮方法也满足了不同人的不同需求，给年轻人带来一种新鲜感与时尚感，让年轻人不再觉得喝酒是一种负担，让年轻人觉得喝酒其实是一种乐趣、一种放松。比如跟江小白系列酒与红牛的搭配被起名为"小白放牛"，跟冰红茶搭配被叫作"午后阳光"，跟鲜牛奶搭配叫做"白富美"，跟脉动搭配叫作"含情脉脉"。近两年，抖音凭借其强大的UGC生产能力与传播能力，吸引了众多品牌入驻其中。江小白也抓住机会，入驻抖音短视频，借助抖音来扩大品牌的传播力与影响力。在抖音发布的江小白系列白酒的花式混饮教程（见图3—3），带起江小白的时尚兑饮潮流，形成了新的江小白打开方式，获得了年轻一代的喜欢与认可。

图 3-3　抖音发布的江小白系列白酒的花式混饮教程

2. 推出定制产品，满足消费者的个性诉求　江小白的产品定制非常方便，直接在江小白淘宝旗舰店把背景图与文案发给客服，沟通好付款即可。从其淘宝评价来看，消费者购买定制产品的主要目的有两种，其一是自己收藏，其二是送礼。消费者通过平台留言表达出对表达瓶定制款的感受（见图3-4）。通过这种私人订制的方式，人们可以把自己的心意注入定制瓶，送人的时候，更多了一份诚意。别人收到礼物的时候也会体会到送礼人的用心。定制瓶充当了一种传递情感的媒介，做到了三个方面的"懂你"。首先是江小白对顾客情感的读懂，其次是顾客对收礼人情感的读懂，再次是收礼人对送礼人的读懂。江小白的个性化定制连接了与消费者的感情，满足了消费者的个性化需求。间接地关联了与收礼人的感情，消费者变成了品牌的传播者，从而扩大了品牌传播的影响力与知名度。

图 3-4　消费者对"江小白"表达瓶定制款的评价

三、互动性策略

1. 加大社交媒体的回复率，增加用户黏性　江小白一直重视维护线上粉丝这一方面。江小白的粉丝很容易就能收到江小白的回赞或者评论的回复，甚至江小白还会主动对有关江小白话题的微博点赞、评论、转发（见图3—5）。这样高频次与粉丝的互动不仅可以拉近品牌与消费者的距离，使品牌更有人格魅力和亲和力，还能增加用户黏性，提高粉丝对品牌的忠诚度。

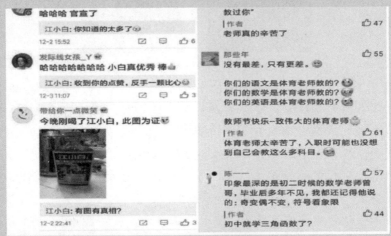

图3-5　"江小白"话题的微博点赞评论转发

2. 参与热点事件互动，增强社会责任感　每年12月2日是全国交通安全宣传日，江小白酒业也为交通安全贡献出自己的力量。在宣传日前夕，江小白以宣传海报、视频等方式通过微博发布一系列"劝止酒驾"话题，在提倡合理饮酒，劝止酒驾的热点上走在了前列，并且得到了中国警察网的赞同与转发，此次转发让江小白得到了更多的曝光与流量，带动了非江小白粉丝的互动参与，形成了外围扩散，并被广大网友贴上社会责任的标签。江小白再次对中国警察网的转发进行转发与互动，不仅体现了企业的社会责任心，提升了自身的品牌形象，还为企业带来了流量。

（二）精心打造品牌传播的内容

1. 准确定位传播对象　对于任何品牌来说，消费者永远排在第一位，了解消费者是谁、想要什么，才能精准地确定传播的内容。例如案例一中的"江小白"，其品牌传播对象是80后、90后年轻人，传播的内容都是以年轻人喜闻乐见的心灵鸡汤、"扎心"文案和动漫人物为主。再比如，近几年火遍全国的小龙虾，瞄准酷爱吃大排档和叫外卖的 70 后、80 后、90 后时尚潮流年轻人，在文艺界、出版界、电影圈等各个领域意见领袖的共同努力下，使小龙虾相关品牌的传播具有很强的话题性和传播力。

 案例二

小龙虾近几年为什么这么火？

2015～2018 年，是小龙虾创业的高峰年，一时间小龙虾火遍了大江南北，甚至出现"一虾难求"的局面。在外卖创业高峰过后，又迎来了电商的加入。2017 年起，京东、天猫平台开始和地方小龙虾加工厂合作，推广小龙虾熟制品，2018 年网易也开始在平台上售卖自己品牌的小龙虾。甚至周黑鸭、肯德基、必胜客都推出了有关小龙虾的菜品（见图 3-6）。

事实上，小龙虾饮食文化已经有 20 多年的历史，为什么近几年突然红透了大江南北？这与小龙虾相关品牌对消费者的准确定位密切相关。随着微博、微信的普及，人们的生活方式有了翻天覆地的变化，尤其是 70 后、80 后、90 后的"吃货"们，可谓是衣食住行都靠微信，言谈举止都靠微博。这个群体在移动互联网上吃出了习惯、吃出了品位、吃出了精致、吃出了潮流。于是，小龙虾相关品牌正是瞄准了这一群体，通过互联网社交平台进行炒作，在微博和微信这些平台上借助意见领袖的力量进行宣传。有些小龙虾品牌的创业者，例如，"卷福小龙虾"的蒋政文、"大虾来了"的戴金胜、"虾下 Baby"创始人马懿宏等本身就是媒体人出身，既懂得小龙虾消费者群体的特征，又懂得利用媒介的传播力。

图 3-6　火遍全国的小龙虾

2. 精心筛选传播内容　品牌信息是否能够广为传播，对内容的精心选择是关键的一步。好的内容能够第一时间吸引人们的注意，成为大众话题，在消费者之间口口相传，或者引爆网络，成为潮流。对内容的筛选可以遵循"5点"法则，即"热点、亮点、痛点、堵点、漏点"。具体而言，"5点"法则是指筛选内容时就要瞄准社会的"热点"，突出自己的"亮点"，找出同行业的"痛点"，堵塞服务上的"漏点"，打通与客户沟通的"堵点"。

（1）瞄准社会"热点"　指的是借势宣传自己，利用当前大众对流行话题、重大事件的关注，将"热点"与自己的品牌相关联，借机宣传自己的品牌。这里有两个步骤，首先敏锐地抓住社会热点，其次寻找热点与自己品牌之间的关联。对于农产品来说，传统节日、体育盛事等通常是可以借势的"热点"。

（2）突出自己的"亮点"　就是显示出自己与别人不一样的地方，并且这种"不一样"是被消费者接受和受欢迎的。突出亮点可以运用"产地化""品质化"等技巧。"产地化"是要农产品借助产地优势，强调农产品品牌的血统，借用产地的特殊资源禀赋突出自身的产品品质，例如西湖龙井、山西陈醋等。"品质化"是农产品要向精细化、精品化发展转变，从而为农产品品牌化发展创造品质基础和消费环境。例如，桐庐母岭的桂花酒，在安厨标准化的包装和品质化的管理下，小清新的包装让人眼前一亮（见图3-7）。

图3-7　桐庐母岭的桂花酒

（3）找出同行业的"痛点"　找出同一个行业里大家都存在的通病，通病往往是人们共同关注的问题，也是促进品牌传播有力的"武器"。例如，小龙虾餐饮行业的一个"痛点"是大家一直都质疑小龙虾的卫生问题，消费者怕小龙虾洗不干净。因此，小龙虾的品牌应该用"干净"来做文章。例如，"辣家私厨"是一个龙虾餐饮连锁品牌，提出的品牌传播口号就是"做最干净的小龙虾"。"辣家私厨"首先在干净上做文章，比如小龙虾的剪头、去小钳子等；其次多次外出考察，利用微信公众号和微博等媒体，把小龙虾的货源、生产过程公布于众，让用户对干净又有了更直观的认识（见图 3-8）。

图 3-8　"辣家私厨"广告"做最干净的小龙虾"

（4）堵塞服务上的"漏点"　农产品品牌大多涉及生鲜产品，在极力提高品牌知名度的同时，往往忽略了生鲜产品的质量和售后服务问题。首先，在质量方面，一是生鲜产品极易腐烂，影响产品质量。发达国家生鲜流通腐损率平均数为5%，而我国蔬菜的流通腐损率为 20%，水果流通腐损率为 11%，水产品流通腐损率为 10%，肉类流通腐损率为 8%。二是产品质量缺乏标准、冷链物流技术直接影响生鲜的损耗率，产品安全难以有效控制。根据艾瑞咨询 2017 年与 2019 年针对生鲜电商的调查可以看出，2017 年消费者满意度较低的主要为物流配送、APP 设计及体验；2019 年，消费者网购生鲜看中的因素排名前三的是安全性、品质及口味，而价格及购买便捷性排名依次靠后。其次，农产品销售的售后服务往往被忽略。以农产品电商为例，农产品电商的售后服务投诉率高。农产品电商的售后服务问题主要包括虚假宣传、久未发货、以次充好、物流延迟、下单容易取消难、退款难且款项未及时退回、售后服务差等方面。除了物流慢和品质差这两大可见的服务问题外，安全性如激素、药物残留等也是消费者普遍反映的问题。很多农产品电商花了很大力气去做营销，宣传有了，销售量提高了，但是产品质量和售后服务跟不上，导致前功尽弃。事实上，电商还是应该重在"商"而不是"电"，最终极的目标一定是高质量的产品和贴心的售后服务，不然一切前段的营销和流量都只是噱头和徒劳。

（5）打通与消费者沟通的"堵点"　对于很多新兴农产品品牌来说，与消费者沟通时的传统思维方式是堵点。以农产品电商为例，虽然现在到处都在宣扬互联网思维，但是大多农产品电商的运营者依旧用传统农业的思维与消费者沟通，即搭建一个平台，烧钱引流，流量变现购买力。消费者愿意从网上购买农产品，绝对不是出于满足日常三餐的需求，他们更重视的是健康、安全和特色。

农产品背后的品牌故事、种植者的大情怀、种植生长过程中的体验感等都是消费者关注的，这些都是品牌故事的素材，是品牌传播的主要内容。而绝大多数的农产品电商和传统商超一样，简简单单陈列商品，没有在本质上改变传统思维。就农产品电商产业而言，其核心消费者是年轻阶层，这类人群有着追求健康时尚的消费倾向，尽力取悦、满足这类人群的诉求才是正确的沟通方式。如果非要纠结于经常逛菜市场的人们，那只能是吃力不讨好。因此，改变传统思维才能打通与消费者之间沟通的"堵点"。

二、品牌传播的传统方式

（一）品牌传播的第一大手段——广告传播

1. 广告概述　广告是指为了某种特定的需要，通过一定形式的媒体，公开而广泛地向公众传递信息的宣传手段，是一种为了沟通信息、促进认识的传播活动。广告能够用最短的时间对品牌概念进行完整的诠释，并且通过大量的媒体投放让尽可能多的人知晓，是一种相对比较方便、快捷、精准的品牌传播手段。特别对于农产品品牌而言，可以让消费者更加全面、快捷地了解农产品品牌，进而提高品牌知名度、信任度、忠诚度，塑造品牌形象和个性。因此，广告传播可以称得上是品牌传播手段的重心所在。

2. 广告在农产品品牌传播中的作用

（1）广告可以使农产品品牌在短时间内建立较高的知名度　知名度是指某品牌在社会大众中的影响力，通常用该品牌在大众媒体上出现的频率来表示。品牌知名度的提高主要依赖于传播的力度。知名度是建立品牌的第一步，知名度相当于一种承诺，高知名度通常给人以大品牌的印象，是有品质的证明。

（2）广告有助于建立正面的品牌品质认知度　品牌品质指其所属产品的功能、特点、可信赖度、服务水准及外观。品质认知度就是指消费者对某一品牌在品质上的整体印象。品质的认知一般完全来源于使用产品之后，对于产品在技术上、品质上的主观感受。消费者更多地关心他们使用过或已在使用的农产品品牌的广告。如果使用后的品牌认知与广告相符，则原有的好感将会加深，消费者会更加信任这一农产品品牌，对品牌本身和自己的判断都很满意，成为该品牌的忠诚拥护者。

（3）培养顾客对农产品品牌忠诚度　有研究表明，成功的广告能极大地增加顾客的品牌忠诚度。对品牌忠诚形成的作用模式如下："认知—试用—态度—强化—信任—强化—忠诚"。就是说，由广告认知产生试用期望，导致试用行为。试用经验形成决定性的态度。这种态度经品牌的广告而强化，被强化的态度如果总是肯定的，就会增加重复购买或重复使用的可能性。如果继续强化，重复购买或重复使用就会转化为对品牌的信任，形成品牌忠诚。忠诚的顾客会持续购买同一个品牌，即使是面对更好的产品、更低的价钱也会保持忠诚。品牌忠诚度提高一点，就会导致该品牌利润的大幅度增长。

（4）树立农产品品牌个性　一方面，品牌个性具有强烈的情感方面的感染力，能够抓住消费者及潜在消费者的兴趣，不断地保持情感的转换。品牌个性蕴含着其关系利益人心中对品牌的情感附加值，他们会将品牌与激动、兴奋或开心的情感联系起来。另一方面，购买或消费某些品牌的行为可能带有与其相联系的感受和感情，如穿"红豆"衬衣产生相思的情怀。再比如德芙巧克力的广告语：牛奶香浓，丝般感受。这里的品牌个性在于那个"丝般感受"的心理体验。能够把巧克力细腻滑润的感觉用丝绸来形容，意境够高远，想象够丰富，充分利用联觉感受，把语言的力量发挥到极致。可以说任何一个占有一席之地的品牌，都必须尽可能地创造出让竞争者难以模仿或短时间内难以模仿的个性化品牌。最终决定品牌市场地位的是品牌个性，而不是产品间微不足道的差异。

3. 广告传播的基本策略　广告传播的基本策略指的是广告活动中，为实现广告战略而采取的特种手段与方法，是战略的细分与实施。从这一层面来看，广告传播的基本策略主要分为以下三个方面。

（1）广告定位策略　广告定位是指广告主通过广告活动，使企业或品牌在消费者心目中确定位置的一种方法。广告定位的目的是为企业和产品创造、培养一定的特色，树立独特的市场形象，从而满足目标消费者的某种需要和偏爱，以促进企业产品的销售。广告定位必须最大限度地挖掘产品自身特点，把最能代表该产品的特性、性格、品质、内涵等个性作为宣传的形象定位，包括特色定位、文化定位、质量定位、价格定位、服务定位等。最终通过突出自身优势，树立品牌独特鲜明的形象，来赢得市场和企业发展。

🗂 案 例 三

六个核桃

　　"六个核桃"是河北养元智汇饮品股份有限公司推出的一款核桃乳饮品，六个核桃运用独创的核桃乳生产工艺，有效地解决了核桃本身营养不易吸收、携带不便、口感涩腻的问题。长期以来，六个核桃通过赞助《最强大脑》《挑战不可能》等益智类节目形成了极具特色的"智慧"营销策略，"经常用脑，多喝六个核桃"成为国人耳熟能详的品牌宣传语（见图3—9），"经常用脑，多喝六个核桃"不是一句简单的广告语，其根本价值是为品牌直接在消费场景中找到典型化人群，突出自身特点，树立鲜明的品牌形象，并将核桃乳消费由弱势需求促成刚性需求。

图3-9 六个核桃广告

 议一议

1. "六个核桃"这样定位对品牌传播的好处。

2. "六个核桃"近期用的传播定位是什么？

（2）广告创意策略 广告的创意策略就是对产品或服务所能提供的利益或解决目标消费者问题的办法，进行整理和分析，从而确定广告所要传达的主张的过程。此种创意方法的出发点是产品，从产品出发去寻找消费者心中对应的兴趣点，即认为产品中必然包含有消费者感兴趣的东西。

（3）广告诉求策略 广告的诉求策略就是广告引起消费者注意、兴趣及购买欲望的表达方式。广告诉求是通过作用于受众的认知和情感两个层面使受众的行为发生变化。因此，广告诉求的基本策略分别是作用于认知层面的理性诉求和作用于情感层面的感性诉求。在此基础上，又产生了同时作用于受众认知和情感的情理结合诉求策略。在产品广告活动中，广告诉求是商品的广告宣传中所要强调的内容，解决的是传播过程中"说什么"的问题，也是整个广告活动成败的关键所在。

案例四

三个苹果改变世界——夏牛乔苹果力品牌创意

夏娃、牛顿、乔布斯三个和苹果有关的人物与"三只苹果改变世界"关联，引发观众对于"夏牛乔"品牌的快速认知和趣味联想（见图3-10）。好名获胜，轻松攻占观众的记忆海马。

图3-10　夏牛乔苹果力

第一，感性诉求策略。感性诉求策略指广告诉求定位于受众的情感动机，通过表现与企业、产品服务相关的情绪与情感因素来传达广告信息，以此对受众的情绪与情感带来冲击，使他们产生购买的欲望和行为。感性诉求的基本思路是以人性化的内容来与消费者产生共鸣，让他们参与或者分享产品或服务所带来的某种愉快的精神享受，使之与品牌之间建立情感联系，形成对企业或者农产品的偏爱。

案例五

每天一斤奶，强壮中国人

蒙牛乳业（集团）股份有限公司（简称蒙牛乳业或蒙牛），成立于1999年8月，总部设在内蒙古呼和浩特市，是国家农业产业化重点龙头企业、乳制品行业龙头企业。蒙牛是中国领先的乳制品供应商，专注于研发生产适合国人健康的乳制品，全球乳业10强。蒙牛乳业成立以来，已形成了拥有液态奶、冰淇淋、奶粉、奶酪等产品的矩阵系列。

2006年，蒙牛乳业展开了有史以来最大的一次捐奶助学工程，身体力行地担当起全民喝奶运动的倡导者。蒙牛在一年内为全国500所贫困学校的贫困学生免费提供一年新鲜牛奶，让温总理的"每人每天喝上一斤奶"的愿望首先在这些娃娃们身上实现，"每天一斤奶，强壮中国人"为中国牛奶运动最强劲的宣言。

第二，理性诉求策略。理性诉求策略指的是广告诉求定位于受众的理智动机，通过真实、准确、公正地传达广告企业产品、服务的客观情况，使受众经过概念、判断、推理等思维过程，理智地做出决定。这类广告可以从正面进行说服，在广告中告诉受众如果购买某种产品或接受某种服务会获得什么样的利益，也可以从反面说服，即在广告中告诉消费者不购买产品或不接受服务会对自身产生什么样的影响。理性诉求的基本思路是明确传递信息，以信息本身和具有逻辑性的说服加强诉求对象的认知，引导诉求对象进行分析判断。理性诉求的力量不会来自氛围的渲染、情感的抒发和语言的修饰，而是来自具体的信息、明晰的条理和严密的说理。理性诉求分为几种类型，包括产品特征、竞争优势诱人的价格、新闻、产品/服务普及性诉求。诉求方式主要是通过对产品属性的高质量介绍从而吸引消费者，进一步增加自己的利益，一般高科技的产品会用到这种诉求方式，因为消费者在购买这些商品时主要考虑的是它们所拥有的真实价值，质量性能的好坏对他们来说是最重要的。不过，产品特征诉求对农产品来说，农作物的种植栽培技术、生产加工技术等也可以成为理性诉求的基本内容。

📋 案例六

农夫果园 17.5°橙，不只是有点儿甜

2014 年 11 月，国内饮料业巨头农夫山泉跨界推出新品——17.5°橙（见图 3—11），上线预售 1 周内，万人下单抢购，几度热卖售罄。据相关负责人介绍，十多年前，农夫山泉就开始寻找优质的橙果产地，最终定于江西赣南，选种水分充足、肉质饱满的纽荷尔脐橙。

图 3—11　农夫山泉 17.5°橙

农夫山泉 17.5°橙广告的理性诉求策略突出口感体验，可概括为："黄金糖酸比、自然熟、高标准"的产品属性与"品质之橙"的主观认知。良好的主观认知来源于极佳的消费体验。

在农夫山泉的全自动生产线上，每个橙子都要进行无损红外线扫描，测定糖酸比，最终筛选出合格的 17.5°橙。其独特的酸甜口感避免了 17.5°橙与其他甜橙的同质化竞争，实现品牌差异化，提高了品牌商品的竞争力。

（二）品牌传播的第二大手段——公关传播

公关传播的原则是以事实为依据，用事实来说话，传播手法上尽量诚挚朴素，不自我标榜，更多地采用让第三者说话或让记者代言的形式来达到传播目的，其传播手法常是隐蔽的，让人难以直接觉察到公关目的。相比之下，公共关系对于品牌形象的影响不那么直接，往往是通过一些社会活动、新闻事件等来扩大品牌的知名度，树立起品牌积极、正面的印象。公共关系形成的传播效果虽然不像广告那样直接、明显，但是往往比较持久。农产品与一般商品相比，更需要赢得消费者的心理信任。特别是一些高端、绿色的农产品，由于消费者缺乏有效的手段对农产品的质量进行鉴定，因此在市场上往往会出现消费者对绿色、高质量农产品抱有怀疑态度的"柠檬效应"，而为了让消费者产生积极、正面的联想，对品牌产生信任，公共关系的作用确实不容忽视。

常见的公共关系传播手段有以下几类：

（1）活动赞助　广告有时候会良莠不齐，一些品牌的大量过度和失实的宣传使人们对传统媒体广告的信任度正在逐渐降低，对很多广告开始产生反感。赞助活动是指社会组织以不计报酬的捐赠形式出资或出力支持某项社会活动或某种社会事业的公关专项活动。当今社会，更多的企业已认识到，经营创造利润是企业的追求，而社会公益更是企业的责任和社会义务。赞助活动可以帮助企业树立良好的组织形象，可以培养公众对企业的情感，同时也能够扩大企业知名度、提高经济效益。常见的赞助活动类型一般有：赞助体育事业，赞助教育事业，赞助文化活动，赞助公益事业等。而品牌传播想达到"润物细无声"的效果，就要求品牌把一部分广告预算转变为公益服务活动。许多公司会主动支持周围的社区活动，以换取社区居民的好感，创造良好的销售氛围。企业还可以向公益事业和慈善机构捐赠钱或物提高品牌在公众心目中的美誉度。

（2）跟紧热点事件做宣传　全社会广泛关注的热点问题常常被品牌用来宣传、提升自身形象，尤其是那些涉及国家利益和荣誉的焦点事件更是被看成百年难遇的炒作题材。中国申奥成功后，2001年7月14日一大早，北京市几乎所有的麦当劳餐厅和各主要超市的可口可乐包装全部穿上了"喜庆装"。可口可乐金光灿烂的申奥成功特别纪念罐，以金、红两色作为喜庆欢乐的主色调，巧妙加入长城、天坛等中国和北京的代表性建筑以及各种运动画面，将成功的喜庆、体育的动感、更快更高更强的奥运精神以及中国的传统文化有机地组合起来。曾有这样的说法：在通常情况下投入1亿美元，品牌的知名度可以提高1%；而赞助奥运，投入1亿美元，知名度则可以提高3%。因此，奥运会被几乎所有企业看作是绝不能错过的"黄金营销期"。另外，在不损害公众利益的前提下，有计划地策划、组织、举办具有新闻价值的活动，创造公关新闻。为了制造这种特殊的传播效果，企业还必须把握公关活动素材的新闻点，科学认识并处理其公关活动素材，这样才能制造新闻热点、吸引新闻界和公众的注意与兴趣，争取到被报道的机会，并使所报道的消息尽量产生轰动效应，以提高组织的知名度、扩大社会影响力。

（三）品牌传播的第三大手段——植入式传播

植入式传播是一种隐性的营销传播思路，指将品牌或者其代表性的符号植入到一定载体当中，并和载体融为一体，使受众在无意识的状态下接受品牌信息，从而加深对品牌的印象。由此可见，植入式传播的精髓是隐蔽性、与载体融为一体的，一旦植入明显和生硬就会惹来受众的非议。国内最早的影视植入广告是20世纪90年代家喻户晓的情景喜剧《编辑部的故事》中的道具——"百龙矿泉壶"。伴随着中国电影产业化发展进程的步伐，植入式传播的发展也开始加快，电影、电视剧、综艺节目等都引入了植入式传播。

根据植入的媒介内容，植入式传播可以分为以下几种类型：

（1）影视剧植入式广告　影视剧植入式广告，是随着电影、电视等现代媒体的兴起而发展起来的一种新型广告形式，它是指在影视广告中刻意插入商家的产品，以达到潜移默化的宣传效果。

在由中国传媒大学课题组撰写的《2005年中国广告主营销推广趋势报告》一书中，将影视剧植入式广告分为剧中人所见、剧中人所感以及剧中人的生活展示等3种形式。在一些现代题材的影视剧中，通常可以借助影视剧中人的所见所闻，埋伏下广告信息。这些影视剧作品源于生活，广告主可以借助剧中人的眼睛，向这些影视剧的受众传递有效的广告信息。一般来说，采取剧中人所见这种形式出现的时候，镜头都会在产品身上停留几秒钟，这时，产品就是目光焦点的所在，可以有效地吸引观众的注意力，使观众对产品或其品牌标志留下深刻印象。把产品纳入到剧中人的日常生活，通过对剧中人生活空间的展示，来传递广告信息，通过备受观众喜爱的影星在影片中表现出来的生活方式以及其所用的产品和品牌，潜移默化地影响消费者的心理，从而间接地促进了产品的销售。把产品植入到影视剧中可以增加真实感，如果出现在影视剧中的产品是没有名称和商标的，反而会让观众觉得不真实。不同形式的植入式广告在媒介特点、传播特性、运作方式、广告效果等方面存在较大的差异。目前在诸多植入式广告的形式中，电影和电视剧的植入式广告实践开展得最为普遍，运作的方式也相对成熟。

（2）电视节目交融式传播 电视节目交融式传播又称为节目内广告，是广告与节目融合的一种广告形式，包括产品或在电视节目中扮演一定的角色，或作为节目场景布置的一部分，节目中在屏幕下方飞字模、电视屏幕右下方出现企业标识、节目中出现企业产品、主持人口播（说出企业名称、对企业表示感谢）、电视屏幕右上方显示时间的时候出现企业标识等，植入的形式多种多样，而且效果显著。电视节目交融式传播强调广告与节目的融合，节目的个性以及在观众中的影响力可以直接投射到企业品牌身上，而且广告的收视率完全等同于节目的收视率，比如演播室背景板赞助，广告已经完全融入节目之中，观众只要看节目，就必然看到广告。电视节目尤其是娱乐类的节目凭借其巨大的受众量成为植入式广告的黄金宝地，节目内广告强调广告与观众的互动，可以降低甚至消除观众对广告的心理抵触情绪，从而实现广告与消费者的深度沟通。

如湖南卫视的《快乐大本营》由企业进行冠名，隔一段时间就会提示观众本节目由某某企业冠名播出，获奖观众的奖品是由某某企业送出的，通过主持人的口念出企业的名称等。

（3）平面媒体广告植入 植入式广告在平面媒体中的植入种类大体可以分为两种：一是在书籍中植入；二是在报纸杂志中植入。

（4）即时通信产品中植入 微信、QQ等都是随着互联网的普及而诞生的在线即时通信产品。大数据显示，即时通信APP在各个软件中排名稳坐第一，意味着在人们无法拒绝通信软件的同时要接受广告的插入。

三、农产品品牌传播的最新手段

（一）农产品品牌直播

1. 什么是直播 直播是近两年才出现的新型营销模式，至今还没有权威准确的定义。通过文献总结，可以将直播定义为通过视频直播技术，以网络直播平台为载体，以提升顾客价值为目的，以提高顾客体验为中心，以增加产品销量、传播企业文化、提升品牌认知为核心的新型网络营销模式。直播因其互动性强、参与感强、动态直观等特点，以非常接近线下购物的体验，最大程度满足了人们对面对面沟通互动的买卖场景需求，成为精准营销新玩法。

直播带货，是指通过一些互联网平台，使用直播技术进行近距离商品展示、咨询答复、导购的新型服务方式，或由店铺自己开设直播间，或由职业主播推介。一方面，直播带货互动性更强、亲和力更强，消费者可以像在大卖场一样，跟卖家进行交流甚至讨价还价；另一方面，直播带货往往能做到全网最低价，它绕过了经销商等传统中间渠道，直接实现了商品和消费者对接。特别是对网红主播而言，直播的本质是让观众们看广告，需要通过"秒杀"等手段提供最大优惠力度，才能吸引消费者，黏住消费者（见图 3-12）。许多农产品借助直播带货，快速经历"从滞销到脱销"，乡村"土货"变成"网红尖货"的过程，解决了卖难痛点。

图 3-12　直播带货示意图

当前，直播带货成为扶贫助农新潮流。某地巧用明星和网红流量直播带货，19 万千克夏橙 5 分钟售空、14 万件腊肉和腊肉酱 6 分钟卖完，更有知名主持人和地方领导干部走进直播间，成为扶贫产品"带货主播"。直播经济作为一种商业形式，既可以推销农副产品、帮助群众脱贫致富，又可以推动乡村振兴，促进地方发展，未来前景广阔、大有可为。特别是在疫情影响导致线下消费受阻的情况下，"直播经济"跨越了消费场景的阻碍，为地处偏远的贫困地区修建了一条步入大众消费视野的"高速路"，以新模式为脱贫攻坚注入新力量。

2. 农产品直播的兴起　2015 年，随着泛娱乐直播的普及，直播逐渐进入大众视野。2016 年被称为"中国网络直播元年"，直播规模迅速扩大。2017 年投资风潮过后，2018 年出现了创新的内容，使直播有了商业化布局。对于企业而言，网络直播是一种新的营销方式，以视频为载体，将企业的产品、形象、文化、服务、品牌等需要宣传的内容进行集成传播，受传者可以看到真实的企业、产品与服务。通过网络直播与用户互动，能够增加用户黏性与依赖性，形成口碑效应，从而实现营销目标。中国互联网信息中心发布的第 44 次《中国互联网络发展状况报告》显示，截至 2019 年 6 月，网络直播用户规模达到 4.25 亿，占网民总体的 53.0%。电商、直播、短视频高度融合，直播所推广的商品大部分集中在服饰箱包、"3C"类产品和生活类产品。随后，农产品电商、传统的电商也纷纷加入直播和短视频的潮流中，如淘宝直播、抖音直播、QQ 直播等电商平台，高效发挥了农产品网络直播营销的作用。通过第三方电商平台直播或者短视频 APP 链接跳转进行带货，是目前农产品电商较常见的形式。

3. 农产品网络直播优势

（1）直播形式更直观　通过直播与短视频，顾客能更直观、全方位、清晰地了解产品的生产与加工环节，让产品具有更高的可信度，且商家能随时随地用移动电子设备进行直播，消费者能够真实感受到产品的特点，对产品了解得更清楚，提高对产品的信任度。用户高度集中、购买目的性更强，可以边看边买，有利于引导消费。如山山商城上的基地视频，无论鲜活农产品（鸡鸭、田鱼等），还是生鲜农产品（蜜橘、猕猴桃、红薯等），根据特定时间分期直播种植和养殖的过程，改善用户对产品的态度，提升了购买率，因此农产品直播网站也越来越多。

（2）销售形式更丰富　随着生活水平的提高，人们对于购物形式的多样化要求也越来越高，不仅仅是介绍产品的形式，购买力高的消费者更强调个性化的销售方式。网络直播通过创新的内容，以故事化的视频引起用户情感共鸣，让消费者喜欢上产品故事，从内心认可并自愿转发与购买产品，传递产品背后的文化故事及价值。相比于传统的广告，这种销售推广形式更能吸引人们，从而带动农产品的销售与品牌传播。

（3）产品竞争力增强　电商竞争逐渐白热化，农产品电商为了提升产品竞争力，适应互联网发展趋势，通过网络直播进行推广。网络直播和直播后的视频使用户对农产品有了深入了解，持续参与互动，使产品为消费者所知，并及时反馈产品的质量和服务的满意度，有助于卖家及时了解产品的受欢迎程度、产品与服务质量等，从而改进销售流程。

（4）直播互动性强　网络直播不同于现场直播，其涉及群体更多，传播范围更广，直播人员在电子商务直播中可实现和观众良好的交流、互动，通过弹幕在第一时间熟知和了解消费者对产品的看法。如今，网络直播的发展势不可挡，农业作为传统行业，更应该借助网络直播让农产品以更直观、更简单的形式走向市场。

4. 做好农产品品牌直播的技巧

（1）直播不仅卖产品，还要讲文化　农户在直播营销过程中，不是简单地直播产品，而是农业文化和农产品的联合展示。在直播中还要体现田园文化、养生文化、生态文化等。毕竟，消费者在直播带货情景下购买农产品时，看重的不仅是产品本身，还要看直播中体现的品牌文化，消费者的需求已经从物质层面上升到了精神层面，不仅要吃出口味、吃出新鲜、吃出营养，还要吃出特色、吃出品位、吃出文化来。农民在直播时，一般选择农产品成熟后，深入田间地头开始直播。一方面，让直播观众亲眼看到农产品的生长状况和生长环境，这种视觉上的直观感受要比语言上的描述要更加真实可信。另一方面，这种直播方式还可以在田间地头展示田园风光、风土人情，让直播观众领略乡村文化。

具体来说，为了吸引直播观众，播主（农户）往往会在直播过程中展示农村风俗、自然风貌、农民生活等文化场景。对于久居城市的消费者来说，这些自然环境与民俗文化有较强的趣味和吸引力。而一些农作物的种植常识、农具的使用技巧等，对于城市中的年轻人特别是儿童有着一定的教育意义，对其理解珍惜劳动，节约粮食也具有促进作用。例如在湖南严家屋场村的直播营销推广中，就有农民在直播中介绍橙子的挑选技巧，也有人通过才艺展示等多种方式来吸引观众。

（2）与直播观众之间要有灵活的互动　直播互动就是能够与观众、粉丝之间找到共同语言，这样就能互动起来，多看弹幕，多回答观众、粉丝的问题。语言尽量幽默、生动、表情丰富，而且，善于自嘲，利用自己的个性特点，显示一个淳朴的个人形象。具体的互动技巧如下：

第一，有礼貌，多感谢。直播时不要对观众爱答不理，这些都是没礼貌的表现。没有人喜欢看一个没有礼貌的人一直在独白。所以，在不降低表演质量的情况下，尽量给更多的机会来礼貌地欢迎和感谢。如果收到礼物，不管多少，都尽量点名表示感谢，有人进入直播间，尽量表示欢迎。

第二，多一些表情和动作。失去表情和肢体动作的交流，就失去了一半的欣赏性，而表达应该是动态的享受。所以，在直播间和观众互动时，不仅要多说话，还要在说的同时多加一些表情和动作，让观众看到你的互动反馈，提高参与度。

第三，谈感受谈经历。很多人做单纯的聊天直播时经常不知道说什么，这时候你就随便说一说自己在生活中遇到的好玩的或者奇葩的小事。然后针对这些事聊一聊自己的感受，再向观众发出提问。这种做法其实很受欢迎，还容易拉近和观众的距离。

第四，做互动游戏。直播时也可以玩真心话大冒险游戏，总会有好奇心强的人想玩，想知道别人心里想什么。适当给观众和粉丝机会，让他们提出他们想知道的问题，对你或者对某个话题产生兴趣，然后围绕这个话题展开更多的聊天，吸引更多人进入直播间。例如，猜猜看游戏。主播可以在直播间以聊天的方式开展这个游戏，非常自然，例如列举几种食物，让大家猜猜自己最喜欢哪一种，自已提前写好答案，待大家猜完后揭晓，猜对有奖，如可以提问主播一个问题，主播表演一首歌曲等。

第五，巧用连麦。连麦是直播间互动常用的技巧，尽量和粉丝比自己多或者差不多的主播连麦。连麦时不要害羞扭捏，大方自信一些。只要真诚沟通，逐渐就会有连麦的朋友。

（二）农产品品牌短视频传播

1. 了解短视频 短视频即短片视频，是一种互联网内容传播方式，一般是在互联网新媒体上传播的时长在 5 分钟以内的视频。不同于微电影和直播，短视频制作并没有像微电影一样具有特定的表达形式和团队配置要求，具有生产流程简单、制作门槛低、参与性强等特点，又比直播更具有传播价值，超短的制作周期和趣味化的内容对短视频制作团队的文案以及策划功底有着一定的挑战，优秀的短视频制作团队通常依托于成熟运营的自媒体或 IP，除了高频稳定的内容输出外，也有强大的粉丝渠道；短视频的出现丰富了新媒体原生广告的形式。截至 2020 年 3 月，我国短视频用户规模为 7.73 亿，占网民整体的 85.6%。在带动乡村旅游、推动农产品销售等方面，短视频发挥了重要的积极作用。

由于短视频是近年才发展起来的，目前并没有统一的概念，对于其称谓也诸多不同，有"微视频""移动短视频""短视频"等。根据《2017 年中国短视频行业研究报告》，将短视频定义为"播放时长在五分钟以下，基于 PC 端和移动端传播的视频内容形式"，并指出短视频并不是长视频的缩短，而是碎片化时代的新内容消费习惯。在《2017 短视频行业大数据洞察》中，也同样将短视频定义为"长度不超过 15 分钟，只要依托于移动智能终端实现快速拍摄和美化编辑，可在社交媒体平台上实时分享和无缝对接的一种新型视频形式"。短视频作为自媒体的表现形式之一，也经过了一段时期的发展，到了今天移动时代的短视频自媒体。

随着现实生活中生活节奏的加快，人们已经没有时间、没有精力去进行长篇阅读，而短视频不管是在制作形式上还是在播出内容上都能够迎合受众的碎片化阅读需求，具有先天优势。而美食类的短视频，其视频中美食本身并不仅仅只是其食物本身的意义，更包含着许多复杂的情感表达，内容精良、画面唯美、凸显生活情调的美食类短视频不仅在视觉上刺激着受众，更满足了受众的某些精神需求。例如，李子柒以她本人名字作为其自媒体的名称，于 2016 年开始在美拍发布自拍自导的视频，内容为传统美食和传统手工，时长通常在 6 分钟左右，截止到 2019 年 4 月底已累计发布原创古法手作视频 138 条，发布渠道包括美拍、秒拍、微博、微信、爱奇艺等，截止到 2018 年年底发布的视频播放量已达到了近 80 亿，其中单个视频——"面包窑"在微博的观看量就达到了 2.5 亿，转评赞总数高达 107 万，李子柒在微博单个平台的粉丝量在 2019 年 4 月底达到了 1 524 万，被称为"2017 年第一网红""古风美食第一人"。2017 年，获得了微博美食十大影响力博主的荣誉，2018 年被评为微博年度最具商业价值红人。

2. 短视频品牌传播的优点

（1）短视频播放时间短，富有现场感　移动短视频长可几分钟，短则几秒钟，适应伴随性、碎片化场景，短小精炼的视频模式能够实现即拍即传即分享，且竖屏相较于横屏更受欢迎，竖屏使手机观看不必横屏、省事省力。在内容方面，虽然不像电影那样有画面感，但很真实。短视频拍摄开始走向创作甚至表演，但是多数仍是日常场景，观看者没有距离感。

（2）创作门槛低，人人可参与　短视频制作简单，一部手机就可以完成录、编、播全部流程，几乎人人都可以进行信息生产与传播。短视频平台为了方便更多用户创作，简化了视频制作流程，操作起来简单流畅，一键拍摄视频，并可用平台提供的选择滤镜和音效进行美化，这种将拍摄、编辑以及发布"一键生成"的傻瓜式操作模式，使上自老人下至儿童都可以进行短视频创作，成为自己生活的"导演"，真正实现了公众从信息接收者到制作者和传播者的转变。

（3）用户黏性高，互动性极强　短视频具有即时性和互动性特点，并且与图片和文字相比更具画面感，内容更加丰满立体、真实可信。虽然短视频达不到面对面语言交流程度，但是只要短视频创作者有意愿，随时可以与用户互动。创作者发布视频后，通过"评论功能"可促进与粉丝进行线上讨论，增强用户黏性。点赞功能增强了用户对视频的关注度，转发功能可以扩大传播范围并提高传播效果；关注功能将实现潜在用户转变为固定用户。这些功能增强了创作者与用户的互动性，极大地调动了用户观看的积极性。

（4）内容多元化，娱乐性强　短视频涉及的内容十分多元化，技能分享、幽默搞怪、时尚潮流、社会热点、街头采访、公益教育、商业定制等各种题材，都能用短视频得到很好展现。同时，通过短视频，人们生活中的各种创意得以展现，如一些自编自演的小情景故事，无论男女老少都可以找到自己喜欢的视频类型，其丰富的娱乐性进一步扩大了用户量。短视频这些特点，符合当前媒体移动化、可视化社交等发展趋势，也很适于农产品推广及农产品品牌传播。通过短视频方便多数偏僻、闭塞的乡村打开与外界沟通的渠道，展示家乡美景与山村特产，信息传送易，便于不同地区用户随时随地观看山村美景、特色农产品实物等。正因为这些特性，使得短视频在推广农产品及实现传播农产品品牌塑造中，正在成为"新锐力量"。

3. 农产品品牌短视频推广对策

（1）短视频内容主题化　现在受众不喜欢看广告，喜欢听故事。所以，把品牌化为一个元素或一种价值主张，去融入一个富有感染力的故事，实现内容 IP 化，可以很好地吸引受众，在打动受众的同时，视频得以持续分享，农产品品牌也就得到了持续的传播。农产品从种植到生产，再到后期加工的流程，都可以成为视频内容 IP 化的素材。同时要确定推广的农产品品类，所有视频内容围绕一个主题，实现内容的丰富化，使短视频传播深入消费者心中。

（2）打造农产品代言人　打造农产品形象代言人，与粉丝互动，从而培养用户黏性，是实现品牌人性化的快速途径。短视频营销提供了一个让农产品充分展示品牌文化和特点的机会，可以在很短时间内利用视频内容将想要表达的重点表现给受众，与此同时也向受众传递农产品的品牌文化。

（3）做优质短视频　视频质量是能否吸引受众的关键，短视频是源于生活高于生活的艺术，所呈现的东西应具有观赏性。单纯的记录、枯燥的画面、干涩的台词，不足以打动受众、满足受众需求，只有趣味性的故事情节才能深入人心。受众不仅要从视频中获得美的视觉享受，还要获得一定的知识技能，以及产生情感的共鸣。因此，生产优质的视频内容是推广农产品的关键，原创类的视频更受用户青睐。

（4）多平台投入　短视频平台百花齐放，QQ、微信等即时社交软件相应推出了短视频的发布功能，例如微信朋友圈现在已经可以自动播放短视频，微博也推出了"我的故事"。据第 43 次《中国互联网络发展状况统计报告》显示，截至 2018 年 12 月，短视频用户规模达 6.48 亿，用户使用率为 78.2%。将短视频内容在更多的平台展现，可更快地实现内容变现。

（5）内容变现方式多样化　当前，我国农产品电商与实体经济融合，实现了多种线上与线下融合发展的路径和创新模式，以平台为核心的农产品供应链模式受到追捧。创作者通过在秒拍、快手、抖音等多个平台展现出自己的特色，开淘宝店变现成为最便捷的途径。同时，抖音短视频 APP 的商品分享推广功能也开启了短视频创作者的电商变现之路，创作者在自己的抖音主页里添加商品链接功能，将自己要分享的商品链接添加在橱窗里，用户在观看短视频的同时，可直接点击商品链接购买，既省去了用户搜索产品的时间，也增加了产品销量。

小贴士

如何拍好短视频

一、产品（特性和核心卖点）

大家刷抖音看短视频都是为了轻松搞笑一下，不是为了记住产品的卖点和知识成分的。所以核心卖点不能超过三个，挖掘最吸引消费者的核心卖点，视频中的产品就会非常清晰明了。所以说卖点多不等于好。反而完全听不清，也记不住，只有精炼易懂以及对用户好的产品，才能成为消费者购买的动力。黄金视频广告要结合"一个卖点＋三个噱头"的特点，简单来说卖点就是产品唯一的点，噱头更偏向于特点，结合到视频中我们就要开创独特的玩法，突出产品一个卖点，就足以成功。

当产品的卖点不是很突出时，可以直接告诉消费者产品的优势。比如：抖音"牛肉哥"直接把价格打下来，告诉消费者这里卖得便宜。

二、模特（根据需求选择）

不是每个模特都是网红，因此，运营商要根据模特的表现力来拍摄视频。主要有两种方式：一种是侧重产品，另一种就是侧重案例。根据拍摄的需求选择合适的模特，也可以自己做代言人。例如"中源果农"这个抖音号，视频中就是王中源自己做短视频。

三、视频结构（黄金6秒原则和时长）

"黄金6秒原则"即99％的用户在视频6秒前就滑过了。黄金6秒里面，前6秒内容决定了用户是否点赞、评论、转发甚至购买。因此，运营者要从视频封面、音乐与内容的匹配程度瞬间抓住用户内心。视频结构分为三种类型："痛点＋产品""痛点＋效果"和"效果＋产品"。对于农产品品牌而言，重要的是"痛点＋产品"及"效果＋产品"，就是天然、健康营养及价格低。

1. 痛点＋产品 抖音"牛肉哥"的内容直接突出产品，只卖正品低价的货，MAC官网口红价格在200元左右，牛肉哥这边149元，不仅抓住了学生群体的痛点，还突出了产品特价优惠。

2. 痛点＋效果 抖音"崔磊"专业讲营销和创业等干货，这可以让想创业以及创业中的人学习到很多方法。比如，开店怎么宣传店铺，如何低成本推广产品？这些都是工作中遇到的种种问题，看了这个小视频，你就又多了种思路与想法。

3. 效果＋产品 抖音"李佳琦"可以说是带货王中王。看过他视频的小伙伴们都知道，他在介绍产品的时候，从不说里面加多少稀有元素，营养含量比其他产品高多少，而是直接强调效果，例如说这款口红涂上去，6小时后嘴唇也不会干等。

四、拍摄方法论（拿到产品我怎么操作）

广告就是广告，不是电视剧，也不是电影。视频要出现模特、剧情和产品。所以，模特不可控、剧本不连贯、产品和剧本的相关性太差，都会影响卖货效果。目前，抖音上都有很多案例，要结合自己的产品制定拍摄方法。

五、更新与上新

每个视频的爆量周期为2～3周，因此需要不断地更新内容，注入新鲜的血液。所以，首先建议运营者1～2天就要拍摄一个视频。而运营者在找达人推广的时候，还要根据产品特性、模特筛选和季节匹配等情况定期推广。其次定位自己的农产品，控制上新节奏。定期更新视频的同时在评论区也要多多互动，与用户打成一片。如果3～4个月火不起来，就要将产品重新更新组合或上新。

六、视频创意（多看多学习）

可以从抖音原生视频内容或外网找创意思路，比如某女艺人的舞蹈，被无数的小姐姐模仿；"踢瓶盖"挑战赛，参赛作品有某男艺人蒙眼踢瓶盖，挖掘机横扫瓶盖，跑车飘逸踢瓶盖等；品牌发布自己的创意视频，比如小黄鸭被放到汽车上、自行车上和滑板上等。让用户自己发挥创意的点，先用创意将播放量带起来后相对带货更容易。

模块四

求个长寿命：农产品品牌创新

➡ 学习目标

通过本模块的学习，学员要了解什么是农产品品牌危机、危机具有哪些特征、为什么会产生农产品品牌危机以及危机发生后如何应对，明白什么是农产品品牌老化、为什么会产生品牌老化以及应对之法，掌握农产品品牌延伸的概念、作用、弊端、前提条件和基本策略，以便于创建一个有创新、有活力、有未来的农产品品牌。

案例一

金华火腿危机事件

2003年11月16日，中央电视台《每周质量报告》报道了金华市永泰、旭春两家火腿厂，用剧毒农药敌敌畏浸泡火腿，生产"反季节腿"的恶性事件。全国消费者为之震惊和愤怒，金华火腿产业面临灭顶之灾。

毒火腿事件曝光之时正值火腿生产、销售旺季。这个巨大的变故，使得金华火腿产业形势发生逆转，销量急剧下降。据统计，该年度金华火腿销量同比下降75％～80％，经销商纷纷退货，产品严重积压，半数工厂停产，全行业大面积亏损。开业尚不到一年的金华火腿城被逼到了全面崩盘的危险边缘。金华火腿生产企业、销售企业陷入绝境，甚至整个浙江省的火腿企业及相关养猪农户及饲料经营者都受到连累。

11月16日中午，中央电视台报道个别企业在生产金华火腿过程中违规使用敌敌畏。仅仅在几个小时后，11月16日下午，金华市政府便对这一事件做出了反应，迅速采取措施，对涉案的两家企业予以查封和停业整顿，并限期召回问题火腿。

11月17日，各地相关媒体纷纷对金华火腿事件进行报道，全国开始对金华火腿展开封杀行动。与此同时，11月17日上午，金华市委书记紧急召集市有关领导商讨应对措施。11月17日下午，金华市召集质监、工商、卫生、农业、商检、经贸委等部门领导和部分火腿生产企业的负责人召开行业自律会议。11 月 18 日金华市组成了 3 个检查组，对火腿生产企业进行拉网式排查。11 月 19 日，将收缴的 1 403 只"反季节腿"集中彻底销毁。面对这突如其来的灾难，金华市政府临危不乱，在最短的时间内，迅速采取有效措施，进行补救，为挽回信用解除危机做出了最好的处理。

一、农产品品牌危机

（一）什么是农产品品牌危机

农产品品牌危机是指农产品品牌所代表的产品（服务）及其组织的自身缺失或外部不利因素，以信息的形式传播于公众，从而引发公众对该品牌的怀疑，降低好感度，甚至拒绝与敌视，并付诸相应的行动，使得该品牌面临严重损失威胁的突发性状态。比如金华火腿受到了中央电视台报道的毒火腿事件的影响，使全国的消费者降低了对金华火腿的好感与信任，并且对金华火腿进行了抵制的行为，金华火腿产业因此面临了灭顶之灾。品牌危机的本身就是公众降低对品牌的信任感，继而采取一系列的行动，威胁到品牌和企业的生存和发展。因为当公众觉得品牌在"威胁"到他们自身时，公众就会反过来用自己的怀疑、拒绝或敌视态度来"威胁"品牌。

（二）农产品品牌危机具有哪些特征

1. 突发性　突发性是品牌危机最主要的特征，由于组织内部因素所导致的危机在爆发前都会有一些征兆，但由于人为疏忽，对这些事件习以为常，视而不见，因此危机的爆发经常出乎人们的意料，危机爆发的具体时间、实际规模、具体态势和影响深度，是始料未及的。

2. 危害性　由于危机常具有"出其不意，攻其不备"的特点，不论什么性质和规模的危机，都必然不同程度地给组织造成破坏，造成混乱和恐慌，而且由于决策的时间以及信息有限，往往会导致决策失误，从而带来无可估量的损失。尤其是农产品品牌，我国大多数的农产品品牌都带有地域性特色，一旦一个地域品牌出现问题，它影响的将不仅仅是一个小农户的销量和收入，而是整个产品区域的销售量以及该产品在人们心目中的印象。

3. 公众高关注性　危机常常成为老百姓关注的焦点，更是目前资讯时代新闻媒体报道的最佳新闻素材，极具眼球效应。媒体希望通过"爆料"新闻来吸引眼球，扩大影响力。在当今资讯高度发达的社会，传媒使整个社会几乎成为一个透明体，危机可以通过媒体迅速传播开来，尤其是借助互联网，使它在世人面前几乎没有时空的差距。企业一旦发生危机，很快就会被推至风口浪尖，成为社会热点话题、舆论关注的焦点。这种情况下大众一般都会对企业投入前所未有的关注，而且危机事件随时会出现连锁反应，那企业就会引发出更多的危机，吸引更多人的关注。

4. 被动性 我国普通大众一直都缺乏危机忧患意识，有些农产品生产商在日常运营中一般都不愿意去设想不好的事情发生，人们一般认为设想危机的发生是不吉利的。于是当品牌危机突然发生时，企业往往是仓促应战，带有较强的被动性。

5. 双重性 企业出现危机时，不仅仅是带来创伤，可能也会使企业从危机中得到利益。如果危机处理得当，除了能够恢复危机发生前的市场份额，而且还会使企业的口碑较之以前得到提升，所以危机公关的管理之道是危机管理结果的主要决定因素。

 案例二

四川广元长蛆柑橘影响扩大，其他产地橘子滞销

2008年9月21日，四川省广元市旺苍县尚武镇新生村村民张登超发现自家的柑橘掉果了，他掰开柑橘后发现有一条米粒大的虫子，随后，他拨通了旺苍县农业局植保植检站的电话。第二天，县农业局总农艺师赵建新和植保植检站站长何三美赶到张家果园，在对掉落柑橘中的虫子进行观察后，何三美当即断定为大实蝇的幼虫。9月23日，旺苍县农业局将情况上报到广元市农业局，针对尚武镇的柑橘普查就此开始。

3天后，普查结果出炉：全县11个乡镇的6.8万余株柑橘树发生疫情，占该县柑橘树总量的8.9%，盖有旺苍县人民政府公章的《防治大实蝇疫情的公告》开始张贴在疫区各公路沿线，旺苍橘农们把成熟的和未成熟的柑橘全部摘下来，按照每千克3毛钱的标准由政府统一收购，然后深埋在石灰坑里。

10月2日，这个消息被一名在成都打工的广元市嘉川镇男子报料给《华西都市报》。10月4日，该报发表《好可惜！万吨柑橘长蛆被深埋》的文章，报道了旺苍县柑橘园的大实蝇疫情——这是对此次疫情的首次公开报道。当天各大知名网站转载了该文章并修改了名称。

10月20日，网帖《橘蛆（大实蝇）疫区看来只是四川广元》在网易论坛引来火爆点击。帖子随后被各大网站论坛社区疯狂转载，各不相同的标题，使得信息开始出现偏差。

随即，很多人的手机收到了这样的短信："告诉家人和同学、朋友暂时别吃橘子，今年广元的橘子在剥了皮后的白须上发现小蛆状的病虫。四川埋了一大批，还撒了石灰！请转发给每个你关心的人。"QQ群里也同样充斥着"广而告之"。一时间，人人都望"橘"生畏，不敢购买橘子。

10月21日下午，四川省农业厅首次就此事召开新闻发布会表示，经当地政府部门的努力，疫情已得到控制，并非如传言中那样严重，有虫害的柑橘仅占1%，所有病害果实已被无害化处理，没有流入市场。

然而，我国一些柑橘主产区的柑橘此时已出现严重滞销。产橘大省湖北的损失可能达到15亿元，四川、湖南、江西等地的橘农抱树痛哭，北京最大的水果批发地——新发地水果批发市场里，不少商户开始贱卖橘子，21日还卖每500克8角到1元的橘子，从22日开始降到了每500克5角，有的甚至降到了每500克4角也无人问津。10月22日，农业部再次请专家出面辟谣："该害虫不是寄生虫，对人畜无害。"此后，柑橘市场才开始逐渐回暖。

案例三

麦当劳快速应对品牌危机，赢得消费者支持

2012年3月15日晚8点，麦当劳位于北京市三里屯的门店被央视"3·15"晚会曝光存在出售过期食品的问题，同一时段大量网友在微博上讨论该消息。

当晚在曝光之后三个半小时内，麦当劳经历了多家媒体前往事发门店实地采访、将事发门店停业整顿、事发门店接受卫生监管部门调查的过程。这些采访内容和调查结果都在微博平台上对公众进行着直播。

值得称赞的是事发当晚的9点50分，麦当劳通过自己的官方微博，在被曝光后的一个小时之内就发布了针对该事件的第一条声明。内容主要是向消费者致以歉意，将问题的性质界定、表明态度、公布改善的措施。这份致歉声明在微博平台发出之后就迅速得到转载评论，消费者对麦当劳如此迅速诚恳地回应且表示出愿意积极承担责任的举动表示赞赏和支持。

在看到大量网友明确支持态度的两个小时内，麦当劳又通过官方微博发布第二条声明，感谢广大网友的支持。这两份声明传递出麦当劳没有在事发之后选择回避，而是主动站出公来布事件的信息，并且愿意承担责任的态度。之后在官方微博上与网友互动也为企业赢得了舆论支持，化解了危机。

麦当劳这次赢得舆论支持成功化解的结果，正是由于当晚事发四小时后其一系列的迅速公关反应产生的。通过微博这个平台将一系列应对举措进行直播，在官方微博上主动发布信息与网友们进行及时交流沟通，这都使得本应该出现的对事发企业声讨批评的局面，转变为对麦当劳的舆论支持。这次危机应对并没有使消费者对麦当劳的品牌忠诚度有所降低。

（三）为什么会产生农产品品牌危机

1. 外部原因

（1）消费者的维权意识逐年提升　在过去的时间里，中国消费者存在着得过且过、能忍就忍的心理，一般情况下，不会跟生产厂商"硬碰硬"，这样的一种行为表现，使得厂商对自己的行为更加"肆无忌惮"。特别是一些国际知名企业，仰仗其雄厚的资本与品牌优势，对消费者强行施压，迫使消费者进入其早已设定好的消费轨道，使得消费者自我保护和维权意识更加薄弱。以苹果公司为例，在中央电视台"3·15"晚会曝光其有损消费者的权益后，苹果公司拒不认错，而一味强调这是公司的规定。在媒体的持续强势介入和舆论的监督声中，苹果公司最终改变了其既有的政策。随着消费者维权意识的增强，厂商的不法行为将逐渐被揭露出来。

（2）品牌命名的地域性特征固有的风险　目前，我国很多农产品都以地域命名，如新疆哈密瓜、烟台苹果、阳信鸭梨、广东茂名荔枝、安徽砀山梨、山东沾化冬枣、浙江黄岩蜜橘、江西崇义南酸枣、广东徐闻菠萝、广西田东芒果、浙江奉化水蜜桃、陕西周至猕猴桃等。知名地域品牌没有主人的好处是，谁都可以用这块牌子谋利，缺点是大家都可以不对品牌负责任。有些人甚至通过损害品牌形象取得短期效益，没有人爱护品牌。因为大家使用同一品牌，因此"一荣俱荣，一损俱损"，这就是"公地悲剧"现象。"公地悲剧"发生的根源，在于个人在决策时只考虑自身的边际收益大于边际成本，而不考虑他们的行为所造成的社会成本。

（3）竞争对手和假冒产品的冲击　企业做产品时不可能一帆风顺，在产品顺利销售的过程中难免会受到其他红眼企业的恶意破坏，从而使企业面临一场没有预示的危机。另外，品牌产品因其高知名度和美誉度，不仅受到消费者的青睐，还受到不法分子的"关注"，于是山寨产品、假冒产品横行于世，大到轿车，小到矿泉水，各类假冒产品出现在市场之中。这些欠缺保障的产品因为其隐蔽性和仿真性，不断给消费者造成错误的概念，使消费者认为这就是品牌产品的不足，引起消费者对品牌的不满，从而引起危机。

案例四

真假混杂，阿克苏苹果面临信任危机

阿克苏苹果是地理标志证明商标，由阿克苏地区苹果协会在 2007 年申请注册。按品种来说，阿克苏苹果属于红富士品种，果皮底色为黄绿色，果面表皮有天然果蜡，擦拭后光鉴照人，果皮可见果点，但触之光滑细腻，口感脆甜、清香，果香味浓郁。阿克苏苹果的保护范围包括阿克苏市、阿拉尔市、库车县、新和县、沙雅县、温宿县、阿瓦提县等 7 个县（市）现辖行政区域，种植面积高达 50 万亩，年产量约 50 万吨。

近十年来，阿克苏苹果的品牌知名度急剧提升，加上政府与企业、农户、产业协会、产业基地，以及销售终端等的互联推进，阿克苏苹果几乎成了阿克苏的代名词，价格自然一路上扬，羡煞了众多苹果主产区。

阿克苏特殊的气候条件，使其所产苹果普遍出现冰糖心，而"冰糖心"也逐渐成了阿克苏苹果的代称，并成为霸占中高端市场的一个绝对"卖点"。然而事实上，冰糖心并非一个水果品种，只不过是红富士苹果在特定的海拔、温差等条件下，因果肉糖分自然凝聚而显现的特征，甘肃、山东、烟台等地出产的苹果同样也会有冰糖心。

因此，在利益的驱使下，"李鬼"现象便出现了。在许多城市里，大街小巷总会出现果贩打出"阿克苏冰糖心苹果"的招牌，一看横切面，也确实有透明的糖心，实际上却并非正宗阿克苏苹果。稍微低廉的价格，让消费者有种"捡到便宜"的感觉，可买回去一吃，味道其实并不咋样。这些普遍现象，大大损害了正宗产地品牌的声誉，也误导了消费者，使阿克苏苹果遭受了严重的信任危机。

（4）政府监管不力导致鱼目混珠　大多数农产品品牌经营企业都会加入有关的行业协会，但由于行业协会是一个自愿参加的民间组织，无法对整个行业进行约束和监管，很多企业都有搭便车的心理。工商管理、质量监督、卫生检验检疫等部门也都没有真正发挥出应有的作用，尤其是个别职能部门中的腐败分子滥用职权，也给一些不法商贩和一些唯利是图的企业提供了机会，为一些农产品品牌的危机发生留下了隐患。

2. 内部原因

（1）产品质量存在问题　"百年大计，质量为本"，质量作为消费者"考核"企业的重要指标，关系着企业的生死存亡。企业农产品产生质量问题的原因很多：一是由于在原料采购、产品的生产营销储存运输等过程中，对质量的监督、检查等管理不严，引发质量问题；二是由于设计或生产技术方面，不符合相关法规、标准等的规定，造成产品存在缺陷，出现质量问题。这些问题的出现，致使农产品品牌的知名度和美誉度受损，从而出现危机。

 案 例 五

三鹿奶粉三聚氰胺事件

三鹿奶粉是三鹿集团股份有限公司的主要开发产品，三鹿集团最终于2009年因三聚氰胺事件宣布破产。

事件回放：

2008年6月至9月，甘肃某医院接收了14名患有肾结石病症的婴儿，引起外界关注。发展至2008年9月11日，甘肃全省共报59例肾结石患儿，部分患儿已发展为肾功能不全，同时已死亡1人。调查发现，这些婴儿均食用了三鹿产品中价位18元左右的奶粉。并且，人们发现两个月来，全国多省已相继有多起类似事件发生。

2008年9月11日上午10点40分，新民网连线三鹿集团传媒部，该部负责人表示，无证据显示这些婴儿是因为吃了三鹿奶粉而致病。据称三鹿集团委托甘肃省质量技术监督局对三鹿奶粉进行了检验，结果显示各项标准符合国家的质量标准。不过事后甘肃省质量技术监督局召开新闻发布会，声明该局从未接受过三鹿集团的委托检验。很快在同一天的晚上，三鹿集团承认经公司自检发现2008年8月6日前出厂的部分批次三鹿婴幼儿奶粉曾受到三聚氰胺的污染，市场上大约有700吨，同时发布产品召回声明，不过三鹿集团亦指出公司并无18元价位的奶粉。

事件曝光后，中华人民共和国国家质量监督检验检疫总局对全国婴幼儿奶粉三聚氰胺含量进行检查，结果显示，有22家婴幼儿奶粉生产企业的69批次产品检出了含量不同的三聚氰胺，除了河北三鹿外，还有22个厂家69批次产品中检出三聚氰胺，问题奶粉被要求立即下架。国产奶粉至此丧失民众信任。

该事件重创了中国乳制品的信誉，多个国家禁止了中国乳制品进口。另外，该事件对消费者的影响深远，直到2011年中央电视台《每周质量报告》调查发现，仍有七成中国民众不敢买国产奶粉。

（2）产品缺乏创新　"世界上唯一不变的就是变化。"随着科技的进步，人们的消费观念和消费形式也发生着巨大的变化，与之相对应的，消费者对企业产品的要求也越来越高，只有不断革新，不断改进，才能跟上社会发展的节奏，"与时俱进"说的就是这个道理。"酒好也怕巷子深"，只有不断创新的品牌才是真正的名牌；反之，如果不用发展的眼光对待品牌，很容易使品牌陷入"故步自封"的境地，失去发展的空间与动力。

（3）企业社会责任缺失　现代社会人们越来越多地关注企业社会责任的履行状况，农产品企业如果在追求自身利益最大化的过程中，毫不在意自身社会责任的履行，那无疑会引起广大消费者的斥责与声讨，企业危机也将接踵而至。

（4）品牌传播策略失误　有效的品牌传播，能使品牌在最短的时间内为大众所认知，但同时品牌传播策略的失误，如营销要素之间组合不当，营销策略制定不科学，传播的手段、时机及对象选择失误等，致使在实施过程中引起消费者的抵制或造成某些危害，从而将企业置于品牌危机之中。

（四）农产品品牌危机发生后如何应对

1. 组织公关策略

（1）迅速反应、果断决策　新媒体时代最大的特点就是信息传播模式的改变，这种改变使得企业在发生品牌危机之后的反应时间大大缩短，再者品牌危机的发生本就具有突发性，这对企业反应时间的要求更加严格。孙子兵法有云：善战者因其时而利导之。可见能否抓住最佳的品牌危机应对时机，对其之后的品牌危机应对结果至关重要。这种快速反应之后的果断决策，能大大增加企业对品牌危机主动权的掌握程度，在品牌危机发生之后的"黄金八小时"内，最大限度地给予消费者和媒体以最真实的交代，争取消费者的谅解与信任。比如呷哺呷哺在2015 年的"3·15"晚会被曝光卖"假鸭血"的当天晚上 8 点 40 分立刻在微博上表明了积极的态度，并及时公开了信息，给消费者和媒体提供了一个了解事情发展的途径，成功夺取了舆论主导权。

（2）成立品牌危机处理小组　在品牌危机发生之后立即组织针对此次品牌危机的专门处理小组，从品牌危机的原因调查、与各利益相关者的沟通到品牌危机的具体应对，都由其专门负责。这一小组的建立，对于品牌危机处理的连贯性和具体措施实施的有效性都提供了更好的保障，避免了因乱管乱指挥造成的应对时机的贻误和因企业内部发言不一致造成的在消费者之间的猜疑。比如卫龙辣条在2018 年 9 月被曝光抽检不合格的消息后生产企业立刻成立了危机处理小组，并迅速在微博、微信平台上发出声明，强调了卫龙食品全部合规，没有违规的现象。这一举措既把握了时机，又统一了企业内部的发言，减少了消费者的猜忌。

 **案例六**

呷哺呷哺火锅"鸭血门"事件

2015年3月15日，央视"3·15"曝光：小肥羊、呷哺呷哺售卖的鸭血是假鸭血。"3·15"是所有商家都敏感的时间节点，被曝出如此丑闻，呷哺呷哺在很短的时间内给出了回应，表明态度。

3月15日20点40分，呷哺呷哺微博迅速回应，告知消费者、媒体和有关部门公司会保持开放、积极的态度，并会及时公开信息。

25分钟后，呷哺呷哺微博发布第二条信息，为公众提供了一条有效途径以了解动态，同时夺取"鸭血事件"的舆论主导权，以免其他媒体发布不利信息。

3月16日凌晨4点34分，呷哺呷哺微博发布第三条信息，公布了事情的进展和企业的部署，停止销售鸭血，并把鸭血交给专业机构检验。

3月26日，呷哺呷哺官方微博发布消息：今天下午2点19分，北京市大兴区食药监局前往呷哺呷哺总部，解封了3月15日当晚封存的鸭血产品。呷哺呷哺已接到政府部门通知，其取样送检的鸭血制品经权威机构检测均未检出猪源性成分。即日起，呷哺呷哺将恢复鸭血产品售卖。正式书面检测报告政府部门将于后续发布。

呷哺呷哺通过官方微博的形式迅速对问题做出回应，无形中减少了消费者对这件事情的恐慌感，也减少了危机对呷哺呷哺的破坏力，使呷哺呷哺危机事件得到了完美的解决。

（3）建立责任发言人制度 建立责任发言人制度，形成企业对外的统一形象，由其专门负责关于媒体的各项提问，并在论坛、微博和微信等新的信息传播渠道做出相应的回应，表明企业处理危机的态度，发布关于品牌危机处理的有关信息和进度，让消费者充分认识到企业的积极态度，形成企业的正面回应形象。当然在选择责任发言人时，需要慎重，发言人的言论必须能代表整个企业，能够得到消费者的信任，否则只能是事倍功半。比如海底捞在2017年遇到卫生危机事件时，及时在微博、微信平台承认错误，并且企业总经理张勇在发布的微博中主动揽起了整件事情的责任，赢得了广大消费者的支持与好评。

案例七

海底捞"勾兑门"事件

2011年8月22日，信报报道《记者卧底"海底捞"·揭秘》，直指骨汤勾兑、产品不称重、偷吃等问题，引起轩然大波，海底捞遇到了一个大危机。

当天下午3点，海底捞官网及官方微博发出《关于媒体报道事件的说明》，声明语气诚恳，承认勾兑事实及其他存在的问题，感谢媒体监督，并对勾兑问题进行客观澄清。此微薄转发数1809，评论数690，可以看出，消费者基本接受了海底捞积极的态度。一个小时后，海底捞官网及官方微博又发出《海底捞关于食品添加剂公示备案情况的通报》，态度更加诚恳，给消费者带来了莫大的安慰。

2011年8月23日12点海底捞官网及官方微博发出《海底捞就顾客和媒体等各界关心问题的说明》，就勾兑问题及员工采访问题进行重点解释。

2011年8月23日晚上8点海底捞掌门人张勇发布了一篇微博，微博中张勇主动担起了这件事的责任，此篇微博瞬间转发近4000次，评论1500次，在如今大多遇事自保、互相推诿、丢车保帅的职场中，其敢于担当，人情味十足，张勇的人格魅力化解掉此次事件80%的危机。

随后，海底捞邀请媒体记者，全程记录骨汤勾兑过程，视频、照片瞬间布满网络，勾兑事件就此暂时画上圆满句号。

（4）勇于承担责任　俗语云：态度决定一切。在品牌危机发生之后，企业的一举一动都会成为消费者关注的焦点，尤其是食品企业，如果其对相关责任采取逃避态度，势必会失去广大消费者的信任，一旦如此，企业信誉将无法挽回。而且，企业相关部门和领导人的态度会直接影响下级员工对危机的态度，相应的也会对品牌危机的整个处理进程和消费者意见的关注程度产生重要影响。所以说，只有坦诚面对自身过失，勇于承担责任，才能获得消费者的信任和支持，最终安全度过品牌危机。比如三全水饺在2019年2月被抽检出水饺中有猪瘟病毒。事情发生后，三全公司董事会立马发布公告，公告中三全公司主动承担起相应的责任，并把应急措施公布与众，获得了广大消费者的信任与支持。

案例八

圣元乳业"致死门"的危机公关

2012年1月11日，有媒体报道江西九江都昌县一龙凤胎一死一伤，疑因食用圣元优博所造成。消息一出，一石激起千层浪，将刚走出"激素门"的圣元营养食品有限公司（圣元公司）再次推向了舆论的风口浪尖。如何澄清事实，还原事件的本相？对于圣元公司来讲这又是一个不可回避的问题。

2012年1月10日死者家属问责家家福超市和圣元奶粉经销商，事件开启。

2012年1月10日，死者家属将尸体摆放在超市门前停尸问责，圣元江西分公司主动向当地工商和公安部门报案，事件升级。

2012年1月11日，圣元公司、客服部人员、生产总监表态积极配合相关部门调查，公司统一向外界发布信息。

2012年1月12日，圣元公司发布《20111112BI1批次出厂检验报告》，所有检验项目检测结果均为合格。公司董事长兼CEO张亮表示，非常同情遭受了这一悲剧的家庭，与此同时，坚信这是与圣元产品无关的孤立事件，已决定不召回其任何产品。

2012年1月13日，第三方检测结果出炉，九江都昌县人民政府也对该事件发布公告，江西卫视《都市现场》就事件采访了都昌县工商局负责人，事情得以澄清。

最终，圣元公司的危机成功解除。

 议一议

你认为圣元公司为什么能够成功化解此次危机？

2. 沟通管理策略

（1）与消费者的沟通　没有消费者的肯定与支持，品牌也就无从发展。而且，消费者作为农产品品牌危机的最大受害者，他们在整个危机事件中有着绝对的话语权。所以，农产品企业在处理品牌危机时一定要保持与消费者的沟通，听取其意见和利益诉求。在与消费者的沟通过程中需要注意：对品牌危机中的受害者，要坦诚地道歉，赔偿其精神和物质损失，争取他们的谅解。此外，要通过互联网等大众媒体向消费者及时传达他们所关注的信息，增强消费者对企业的信心。农产品企业只有在品牌危机中真诚、勇敢地承担责任，才能挽回企业形象，最终将危机转化为发展的契机。

（2）与权威部门的沟通　农产品作为关系民生的重要行业，一旦某个品牌发生品牌危机，势必会受到政府部门的严格管控与监督，政府权威部门对企业的评价会在很大程度上影响到公众对企业的态度。同时，作为农产品，大众对其产品的质量更为看重，只有与相关权威部门进行良好的沟通，由其出面对企业做出正面评价，才能消除消费者的疑问，成功化解品牌危机。与权威政府部门沟通时，要在适当的时机、地点主动提出有说服力的事实依据并向政府部门提供完整的危机解决方案，另外，与政府部门沟通时说话要简明扼要，突出重点，面对政府人员的质疑要随时如实解答。

 案例九

"哈肉联"红肠的维权之路

作为中国欧式红肠第一家，拥有近百年历史的"哈肉联"红肠在冰城可谓家喻户晓，甚至在全国都有很高的知名度。然而正是如此盛名之下，让哈肉联红肠同时拥有了众多的"冒名店铺"。为了维护自己的品牌声誉，大众肉联集团进行了诸多努力。

2007年前后，哈埠街头突然出现了多家"某哈肉联"专卖店。这些"某哈肉联"专卖店从店面装修到牌匾设计，都与"哈肉联"十分相似，甚至销售人员直接告诉消费者说，他们就是"哈肉联"的。

面对众多消费者"哈肉联红肠怎么突然变口味了"的质疑，大众肉联集团的工作人员下了大力气，将一家家"某哈肉联"的背景调查得一清二楚，并投诉至政府各有关部门。然而由于那时"哈肉联"品牌还没有被国家工商总局批复为注册商标，使得企业的打假工作陷入了困境。两年间各种"某哈肉联"专卖店在哈埠发展至50余家，给"哈肉联"的品牌经营维护带来严重困扰。

之后，经过严格的公告和审核，2008年9月，国家工商总局终于核准"哈肉联"为注册商标，这为企业的品牌维护之路带来转机，相当于拿到了"尚方宝剑"。

为了净化市场环境，保护企业的合法权益，大众肉联集团通过与政府部门的沟通，市工商局商标处专门成立了保护"哈肉联"品牌行动小组，组织"红盾卫士"行动，专项整治侵权使用"哈肉联"品牌的"某哈肉联"企业，下发了停止商标侵权行为的通知书，责令侵权企业立即整改。

2009年3月6日上午9点，全市范围的集中整治正式开始，到3月7日，哈埠市场上60％以上的"某哈肉联"专卖店更换了使用"哈肉联"注册商标的牌匾。

伴随着工商部门红盾行动的开展，众多打着"哈肉联"旗号招揽生意的侵权店被摘了牌，市民又可以买到、吃上正宗的老字号食品了。

（3）与其他利益相关者的沟通　首先是渠道商，渠道商的态度决定着农产品整个销售网络能否正常运转。在品牌危机发生之后，渠道商的利益会受到很大的影响，这时一定要将实情告知渠道商，建立起他们对企业的信心，弥补其部分损失。只有将渠道商变为自己的同盟，才能为之后品牌危机的修复打下坚实的基础。

其次是竞争对手，农产品可以说是一个特殊的行业，一旦某个品牌的某种产品出现安全问题，其他企业的同类商品也会成为消费者的怀疑对象，导致销售量下滑。所以，在品牌危机发生之后，需要整个行业团结起来，共同应对，消除危机对行业健康发展的不良影响。与利益相关者沟通时，一要善于倾听利益相关者的不满；二要主动说出事情的原委，主动接受批评并表达歉意，给利益相关者一些关怀；三要主动承担起责任，并对利益相关者提出的一些补偿要求给予适当的妥协从而得到利益相关者的支持。

3. 媒体管理策略

（1）注意对媒体的态度　媒体是公众舆论的重要引导者，要实现与公众的沟通很大程度上依赖于媒体，所以农产品品牌对媒体的态度一定要友好，表现出足够的尊重。当然这一关系的建立更多的在于平时的积累，作为一个品牌要懂得针对不同的媒体，进行有针对性的信息传播，以真诚的态度实现对媒体的引导，万不可临到危机才想起改善与媒体的关系。

（2）整合新旧媒体资源　新媒体的优势在于方便、快捷以及与公众较强的互动性等，但是，作为新兴的传播方式，其在公信力方面较传统媒体而言，仍然有很大的差距。因此，农产品品牌在进行媒体管理时一方面利用新媒体的即时性和互动性来迅速地对公众关注度较高的问题给予有效的回答，并将企业采取的具体措施传递给消费者；同时，利用传统媒体强大的公信力和影响力，发布关于企业的正面信息，增强危机公关的有效性。总之，在新媒体环境下，农产品品牌要想实现品牌危机的有效应对就一定要善于进行新媒体和传统媒体的整合，实现二者的优势互补。

（3）加强新媒体工具的应用　对新媒体工具的应用，能帮助农产品品牌以更快的速度减弱品牌危机的破坏力，这些措施包括搜索引擎的优化、品牌官网和微博等新媒体形式公关作用的加强等。网络时代，公众信息的获取更多的是通过搜索引擎而来，比如百度等，但是现在很多农产品品牌对搜索引擎的重视度不足，在发生品牌危机之后，公众无法通过搜索引擎获知关于企业的最新情况，这在无形中加剧了公众对品牌危机的恐慌感。此外，品牌的官网和主要负责人的微博等也是农产品品牌发布信息、优化企业形象的重要媒介。这些渠道的良好应用，能使品牌在应对危机时更得心应手。

（4）加强对意见领袖的引导　在传统媒体时代，舆论几乎完全由媒体掌控和引导。但是在新媒体时代，公众对媒体的控制能力越来越强，他们逐渐成了舆论信息发布者和引导者，在这种状况下意见领袖在农产品品牌危机的应对过程中会对潜在的评论者产生巨大的引导作用。而且，新媒体意见领袖大多是短期内因迎合了大众的需要而迅速形成的，这一群体需要有一定的时间走向成熟。所以农产品品牌需要抓住时机将这些意见领袖集结起来，通过对他们的适当引导来改变整个舆论走向，达到控制品牌危机发展态势，降低企业损失的目的。

二、农产品品牌老化

（一）什么是农产品品牌老化

品牌老化的理论源于大卫·艾克的"品牌墓地理论"。品牌墓地理论认为，处于墓地的品牌是由于其高知名度和低再现度所引起的致命结果，即顾客听说过这个品牌，但购买时却难以想起或不去消费这个品牌的情况。要想突破这种尴尬的墓地格局实际上并不容易。因此，农产品品牌老化是指农产品品牌在市场竞争中所表现出来的随着品牌知名度、美誉度、忠诚度下降导致销售量、市场占有率、市场覆盖率不断下滑等品牌衰落的现象。

对消费者而言，品牌老化即不消费的时候记得，同时消费的时候想不起或不选择该品牌；对品牌或企业来说，一个曾经是众所周知的品牌，在市场竞争中表现不佳，出现销量、市场占有率等日趋下滑，品牌的美誉度及消费者对品牌的忠诚度持续下降。在现代社会大多数大众消费品行业内，竞争对手的数量激增，促使买方市场形成，消费者可选择、可比较的机会越来越多；科学技术的发展和进步越来越快，人们的消费观念发生着巨大的变化，越来越喜新厌旧的同时也越来越理性，这些因素都直接导致产品的生命周期越来越短，也使得品牌容易出现老化。

案例十

最"难"的南方黑芝麻糊

20世纪90年代，随着一句"一缕浓香，一缕温暖，南方黑芝麻糊"的经典广告语让南方黑芝麻糊走进千家万户，成了整整一代人的难忘回忆。也让南方黑芝麻集团从一家名不见经传的民营企业，发展成为市场份额一度占据60%以上的中国糊类第一品牌企业，风光无限。据相关数据显示，2009～2017年，南方黑芝麻食品方面的收入连续八年保持稳步增长，2017年更是达到19.08亿元的峰值。

如今随着市场竞争愈发激烈，南方黑芝麻糊却早已风光不再，被人们遗落在商场的小角落里，不免令人唏嘘。面对消费者需求不断变化的今天，面临品牌老化、市场收缩的压力，南方黑芝麻集团也涉足饮料市场寻求转型，寻找新的利润增长点。2011年，南方黑芝麻集团就推出了新品黑芝麻露，但很快便销声匿迹。2013年，南方黑芝麻集团成立饮品事业部，先后推出了黑芝麻乳、罐装饮料等产品，但如今市场上却已难觅踪影。

2016年南方黑芝麻集团转向饮品市场，主打产品黑黑乳，定位"轻体轻脂"。为攻下年轻人市场，不惜砸下重金，2017年为了打开新饮品的影响力，冠名了《减出我人生》《极速前进》等节目，还邀请了知名艺人作为品牌代言人。但是随后便因代言人的负面新闻，导致黑黑乳的品牌形象受损，公司在不得已的情况下，停止代言推广议案，并对销售策略、经营计划做出调整，导致该系列产品远未能达成年度经营目标，产生较大亏损。据财报显示，作为南方黑芝麻集团旗下黑黑乳的主营公司，滁州市南方黑芝麻食品有限公司2019年上半年仍亏损1 994万元。

对此，有专家表示，南方黑芝麻集团以黑芝麻集团类产品为主打，主要针对的是中老年消费者，对于当下主力消费者群体的年轻人吸引力很有限，这也是其产品本身的局限性。如今"银发一族"消费群体的崛起却是南方黑芝麻品牌一个崛起的机会。利用黑芝麻的优势，打造出更适合中老年消费者食用的功能性产品，将有助于解决南方芝麻品牌老化的问题。

（二）为什么会产生品牌老化

1. 品牌生命周期原理　就像人有寿命一样，产品有寿命周期，技术有寿命周期，企业有寿命周期。如果某个品牌仅生产某单一产品，或固守某个特定行业领域的话，该品牌必定会伴随着产品或行业的兴衰，走相同的生命周期轨迹。同时，由于品牌能够附加于不同的产品之上，因此品牌既可能呈现出与产品一致的生命周期，也可能超越产品呈现出持久的生命力。创立品牌作为一种竞争策略，不仅可以在激烈竞争中获得较为可观的利润，更重要的是可以防止竞争对手快速模仿并取代自己的产品，能更好地区别其他品牌；更好占据市场、控制市场。实际上，品牌就是市场竞争的产物。像人一样，品牌也有生命，产品经研发、试销，然后进入市场，具有一定的市场影响力后，品牌随之产生。伴随着产品生命周期的完成，品牌生命也随之结束，并逐渐失去市场影响力。

2. 外部商业环境发生变化　企业的产品或服务退化，无法满足消费者需求，其中包括企业让消费者满意的承诺随着时间发生了变化；产品调研和开发较市场需求变化出现滞后；创新速度放缓；专利日益减少；生产过程，包括技术陈旧；产品或服务丧失竞争力；技术明显落后；生产方法不能达到目前的要求水准；款式的设计和颜色陈旧过时；消费者喜好发生了改变，他们总是喜新厌旧；出现了新竞争者或新技术；营销环境发生了变化。这些因素的出现都会促使品牌老化。

3. 目标市场出现问题　目标市场出现问题也会导致品牌老化，包括：消费者的数量出现递减的趋势；企业所关注的目标市场一成不变；目标群体的平均年龄过高；新产品因不符合消费者需求而推广失败；品牌极少或不为青年消费者所知。

4. 品牌营销及传播策略出现问题　品牌管理是一个长期、连续、不断强化的过程，品牌管理者必须不断采用新的营销策略（特别是公关宣传），使品牌充满活力。当销售额出现下降的时候，许多品牌管理者的做法是随之削减营销费用，转而支持新品牌。老品牌失去资金、营销等各方面的支持，最终必将走向死亡。我国著名的烟草品牌"红塔山"，在全国烟草行业一直独领风骚，在烟民的眼中抽"红塔山"也是身份和地位的象征，许多成功人士都是该品牌的忠实消费者。随着红塔集团的战略调整，广告策略的变化，"红塔山"在消费者心中的位置发生了很大的变化，逐渐失去了其原来的品牌形象。

（三）农产品品牌老化应对之法——品牌激活

1. 品牌激活的含义　品牌激活是指运用各种手段，包括技术传承或改进、产品创新、营销策划等，来扭转品牌老化的趋势，并帮助其重振雄风，重获品牌资产，赢得消费者的信任与忠诚。

2. 品牌激活的前提条件　研究表明，激活一个老化品牌的成本要远远小于培育新品牌的成本。在对老化品牌进行拯救前，有个问题值得思考，即该不该激活老化的品牌。激活老化品牌是失有所偿，还是得不偿失，这就取决于它是否具备激活的条件，但并不是所有的品牌都可以或值得激活。品牌激活应满足以下 4 个条件：

一是某个品牌在公众记忆中可能不鲜活，但是必定作为一个品牌故事而存在，并且应该没有受到近期营销行为的影响。

二是该品牌必须有深入人心的精髓品质，也就是对某一代或年龄层的人来说，它必须代表一个特殊的发展阶段，可以唤起消费者的记忆，产生共鸣。

三是该品牌一定要能引起美丽的联想，产生一种对理想化过去的渴望。这时品牌的意义在于它能让消费者产生一种时代的归属感。

四是该品牌要能够经得起科技进步和时代更新的考验，以保证其长久地适应消费者的需求，因为随着其阅历增加，见识扩宽，消费者的需求也在不断改变着。

3. 品牌激活的策略　从企业自身角度出发，品牌激活策略可以分为以下 7 个步骤。

一是聚集同一层级的销售代表和售货代表，共同交流总结品牌老化的原因。因为，推销员和售货员是最直接和消费者打交道的人群，他们能够最及时、最直观地了解客户对商品的评价和需求，能够为管理者提出更好的激活方式提供借鉴。

二是及时更换广告、包装和代言人，确保品牌形象不断更新。可口可乐之所以能一直保持软饮料中的领先地位，是因为他们一直在不断更新其广告。可口可乐仍然是一百多年前的配方和味道，但品牌形象已经随着时代的变化发生了巨大的改变，这是值得所有品牌认真借鉴的经典案例。

三是一切活动都应该有一致的品牌形象，简单的价格战只会严重损害品牌的形象推广活动。如果尝试在商场降价，可能不会有好的结果，它应该是一种折扣的方式，通过品牌传递信息，希望让消费者知道品牌的价值。

四是谨慎地进行品牌延伸。如果是正确的、有效的品牌延伸，其结果是令人兴奋的，但如果是不正确的延伸，则后患无穷。

五是重建品牌形象。通过各种渠道、零售环境甚至每月记录调整品牌形象。有时只是专注于发展的一个方面，也会收到意想不到的好结果。

六是在业务经营方面注重团队合作，打破部门界限，成立专门的品牌活化项目组，公司应当为品牌活化协调各部门共同努力。

七是改变品牌联想，同时保留原有品牌的固有特征。改变品牌的产品在现在和过去之间的精神关联，有时其实是危险的。

案例十一

东阿阿胶的品牌激活之路

东阿阿胶是东阿阿胶股份有限公司旗下的品牌。阿胶在我国已有3 000多年的应用历史，它是由原材料驴皮熬制而成的一种中药。《神农本草经》为最早记录阿胶的医学著作，它将阿胶列为上品。阿胶具有补气、补血止血等功能，是我国历史悠久的医药珍品。2019年12月23日，东阿阿胶入选"中国农产品百强标志性品牌"。

阿胶的生产活动主要依赖驴皮，从传统的熬制工艺看来，一头驴的完整驴皮是阿胶熬制的必要原料。但是最近几十年，因为农业现代化和城镇化的水平不断攀升，作为传统耕作劳动牲畜的毛驴地位已经大不如前，而且过低的养殖效率已经让农村毛驴的散养数量锐减。

同时，国内的阿胶行业一直处于混乱无序、管理无方的状态，一些厂商为了获取暴利，大肆钻营，生产出大量假冒阿胶产品。正规生产的驴皮阿胶成本每斤高达每斤上千元，反之其他牲畜皮熬制出来的伪劣阿胶成本却只要数十元。其间巨大的剪刀差让生产伪劣阿胶的企业、个人趋之若鹜，伪劣阿胶产品严重威胁人民身体健康。

东阿阿胶为了实现压制竞争对手的目的，死死盯住对手价格，与对手大打低价促销战，这样一来却让品牌本身陷入了定位迷茫，并产生了严重的反作用，同时，东阿阿胶还面临着生产原料驴皮的短缺、产品被边缘化等严峻问题，品牌开始出现老化。

为了扭转这一态势，东阿阿胶公司采取了一定的品牌激活策略，并收到了一些成效，品牌价值得到提升，市场占有率也在几年内得到增长。

一是将阿胶生产行业作为生产活动主焦点。东阿阿胶公司在2002年全面放弃了对这些非传统领域的行业扩张，将自身的火力重新聚焦到阿胶生产方面，立志要全面占领阿胶市场。在启动经营活动的大规模改革之后，公司将主要的生产精力都集中在了滋补养生阿胶块和气血双补的复方阿胶浆方面。公司在此之前的产品虽然种类繁多但生产规模都比较小，而且不管是从包装材料及其规格，还是从使用时限上面来看，这些产品的生产管理活动本身就已经存在混乱状态，生产数量难以控制。因此，基于成本和效率优化的角度来看，当务之急是将自身的主打产品做到最好。

　　二是实施价值回归工程。一项产品的售价是产品使用价值、历史内涵以及消费者情感的结合体。因此，2006年东阿阿胶集团开始了自身价值的回归进程，从产品价格入手，对自身阿胶产品的市场零售价进行了7次上涨调整，与同类竞品之间实现价格上的区别。调整后的产品单价达到了之前价格的十倍，而这样的大规模涨价过程也成功吸引了消费者的眼球，引发了外界对阿胶产品新一轮的接触了解乃至使用的潮流。

　　三是实施品牌的文化营销。东阿阿胶集团多年来以自身在相关领域的独有资源，不断与各大专院校共同创立阿胶产品研发机构，邀请学术界权威人士引经据典来梳理并探讨阿胶产品的滋补养生价值及其文化内涵，并且从进行正面市场宣传的角度搜集各种有关的理论依据，向消费者普及阿胶产品的真正内涵，从而在消费者心目中建立起阿胶产品的高端形象。

　　此外，东阿阿胶还积极与各大媒体机构平台合作，全面提升自身的传媒营销水平。在电视广告、平面广告、网络新媒体等多个领域进行大规模的深度传播，并且通过建立阿胶博物馆和养生长廊来进一步宣传阿胶产品在滋补养生方面的独特功效。每年的冬至节令被集团定为"阿胶文化节"，节令期间集团不仅会聘请多名中医泰斗和专家学者参观义诊，广开讲坛，还会专门生产"九朝贡胶"供消费者购买。

 议一议

　　1. 东阿阿胶为什么会出现品牌老化？

　　2. 为解决品牌老化，东阿阿胶集团采取了哪些措施激活品牌？

三、农产品品牌延伸

（一）什么是农产品品牌延伸

　　农产品品牌延伸是指企业在创建一个成功品牌之后，为扩大企业影响力，利用成功品牌的知名度、忠诚度以及美誉度，以现有品牌的名称推广新的或者改进过的产品，从而可以有效降低新产品入市的风险并能够迅速打开市场。

农产品与普通产品品牌延伸的区别

　　品牌具有很多分类，作为众多品牌分类之一的农产品品牌除具有品牌的一般属性外，同时也是农产品有形价值与无形价值的重要载体，因此对于农产品来说，其品牌具有不可忽视的作用。然而，作为农产品品牌的树立而言，具有与其他类型产品不一样的特点，其品牌延伸策略有相同之处，也有不同之处，二者必须相互借鉴。不同之处主要体现在以下两个方面：

　　一是由于农产品与其他普通产品相比所具备的特殊属性，决定了农产品本身是其品牌延伸策略的基础。农产品按照加工与否可以分为初级农产品和经过加工的农产品。初级农产品具有资源类产品的性质，大多涉及大宗交易；经过加工的农产品一般具有工业产品的性质，同时还具有基础资源的属性。因此，其工业属性与资源属性使得自身的品牌延伸更为灵活，并且提供了更广阔的空间。

　　二是部分产业链延伸的特点可以在农产品的品牌延伸过程中得到展现。产业链通常往横向与纵向两个方向延伸，品牌延伸在这方面也具有部分产业链的性质。横向维度上，通过品牌可以与各种营销策略相互结合，从而使得企业在整个产业链中加强对其他环节的影响力，提升自身在产业链中的作用。纵向维度上，如果一个品牌的延伸是成功的，那么它将影响产业链下游的企业，提升企业向产业链下游发展的实力，并且其直接表现是在消费者市场份额的发展与扩大。农产品品牌延伸成功的企业多数是具有参与全产业链能力的大型企业。

（二）农产品品牌延伸的作用

　　1. 品牌延伸有利于新产品快速占领市场　　心理学研究表明，人的情感归属、人对事物的好恶具有传递性。消费者对品牌的态度也是如此，消费者对企业原有成功品牌的欢迎和依赖思想同样会转移到标有该品牌的新产品上去。可见，利用原有成功品牌的知名度，可以迅速提高消费者对新产品的认知率，节省了新产品推出的时间。

　　同时，它可以加快新产品的定位，保证新产品投资决策的快捷准确，使推出的新产品快速占领市场。对企业来说，尽可能缩短新产品进入市场的时间尤为重要。品牌延伸就是运用品牌扩大或复制、克隆，使消费者快速消除对该产品的怀疑、疑虑和排斥心理，认同、接受新产品并产生品牌联想，这是新产品快速进入市场的捷径。对消费者来讲，一旦认同某品牌，认为其具有较高的社会信誉和知名度，较强的亲和力，便很容易将这种亲和力、忠诚度转化为消费行为。

2. 降低新产品推广成本　一般情况下，创建一个新品牌需要投入数亿元的费用。企业用原来的强势品牌延伸到新产品中去，使消费者很快对新产品产生好感并获得认知，这样，企业便节省了创建新品牌的费用。海尔集团在成功推出冰箱、空调、洗衣机等白色家电后，相继将品牌延伸到电视机、电脑、手机等产品上。"海尔，真诚到永远""海尔，中国造"这些广告词将高质量、高品位、高服务水平的海尔品牌以统一的信息传递给消费者，以点带面，宣传了海尔的所有产品，比分别建立宣传多个品牌节省了可观的费用。

3. 最大化成功品牌的价值　成功的品牌是企业巨大的无形资产，是企业多年奋斗的回报。在珍惜、保护企业品牌的前提下，充分利用品牌这笔无形资产可以为企业谋取更多的利益。品牌延伸能为新产品争取到更多的货架面积，容易获得经销商的认可，增加零售商对生产商的依赖，在销售领域为生产企业赢得竞争优势。成功的品牌延伸可以减少以至避免品牌价值的浪费、闲置和损失。

同一品牌的新产品，可为原有的品牌带来新鲜感和成熟感，使品牌所蕴含的象征意义更加规范、丰富，也使消费者对产品的选择增加了宣传空间，有利于市场占有率的提高。如可口可乐公司在成功推出了"可口可乐"的基础上，把品牌延伸到"咖啡＋可口可乐""纤维＋可口可乐"等系列产品（图4-1），为可口可乐家族注入了新的活力，也极大地丰富了消费者的选择，满足了消费者多方面的需要。品牌延伸提高了整个企业品牌家族的地位和投资效应，使企业形成规模经济，品牌整体的有效投资达到一定经济规模，每个产品线均会受益，从而获得更大的经济效益，实现品牌价值最大化。

图4-1　咖啡＋可口可乐（左）、纤维＋可口可乐（右）

4. 分散企业经营风险　品牌延伸的结果使企业由原来单一的经营领域、单一的产品结构，向多种产品经营领域、多种产品结构发展，可以分散企业经营的风险。巨大的品牌效应有利于新产品投放市场就抢占较大的市场份额，反过来又促使企业规模化生产，从而降低企业的生产成本，取得价格优势，这又会进一步扩大市场规模，使企业发展进入良性循环轨道。另一方面，拥有名牌的企业不仅能够使用自身的力量实现品牌延伸，而且可以通过向无品牌的企业输出品牌，实现名牌延伸策略，迅速达到企业实现多元化经营的战略目标。

（三）农产品品牌延伸的弊端

品牌延伸虽然好处很多，但也不是万灵丹药，也存在着一定的局限性和一些弊端。

1. 可能损害原有品牌形象　当某一类产品在市场上取得领导地位后，这一品牌就成为强势品牌，它在消费者心目中就有了特殊的形象定位，甚至成为该类产品的代名词。将这一强势品牌进行延伸后，由于近因效应（即最近的印象对人们的认知影响具有较为深刻的作用）的存在，就有可能对强势品牌的形象起到巩固或减弱的作用。如果品牌延伸运用不当，原有强势品牌所代表的形象信息就会被弱化。

2. 容易造成品牌认知模糊　当一个名称代表两种甚至更多的有差异的产品时，必然会导致消费者对产品的认知模糊化。当延伸品牌的产品在市场竞争中处于绝对优势时，消费者就会把原强势品牌的心理定位转移到延伸品牌上。这样一来，就无形中削弱了原强势品牌的优势。

3. 容易产生株连效应　将强势品牌名冠于别的产品上，如果不同产品在质量档次上相差悬殊，就会使原强势品牌产品和延伸品牌产品产生冲突，不仅损害了延伸品牌产品，还会株连原强势品牌。

（四）农产品品牌延伸的前提条件

品牌延伸有其自身的特点和条件，并非每一个具有一定影响力的品牌都能够随意进行品牌延伸并取得成功，因此，农产品品牌进行延伸时应具备以下条件：

1. 母品牌的核心价值在品牌延伸的过程中要着重突出　防止品牌延伸风险的最基本的前提是延伸产品要能够突出母品牌的核心价值，也就是说通过品牌延伸这一过程进一步突出母品牌的核心价值。品牌延伸的核心价值既可以体现在实物方面，也可以体现在情感方面。例如，提到"伊利"，消费者会立刻想到牛奶，但是牛奶只是伊利品牌资产与核心价值之一，除此以外，"伊利"还意味着卓越品质、营养等，这才是伊利品牌的核心价值，这也是为什么它延伸到奶粉、雪糕、冰淇淋等众多产品均能取得成功的原因所在。

2. 母品牌知名度必须足够高 品牌延伸想要取得成功，母品牌必须取得消费者的高度认可，也就是说该品牌在消费者心中必须具有较高的位置。如果消费者对一个新产品比较陌生，购买此产品的原因就是信任，消费者一旦接受某个品牌，这个品牌很容易成为它的第一代产品的代名词。母品牌必须在市场上的美誉度及其市场占有率都比较高，并且消费者对于该品牌的核心价值比较认同，这些都是品牌延伸实施前的必要保证条件。

每一个品牌尤其对于著名品牌来说，都拥有自己的形象。一般来说，消费者更容易相信具有高品质形象的品牌，其品牌延伸就更容易被消费者接受而取得成功。此外品牌延伸的成功率随着品质认知度的提高而提升；能让消费者产生丰富联想的品牌，其品牌延伸空间也越大，影响力度也越大；具有较高忠诚度的品牌，消费者对延伸产品具有较高的信任度，品牌延伸也越容易顺利进行。

3. 延伸产品跟母品牌的内在关联性较强 品牌延伸策略的成功与否在很大程度上是受延伸产品和母品牌产品的内在关联程度的影响。这种关联性不仅体现在物理属性上类似或形态上统一，还来源于农产品的品质以及给消费者带来的主观感受。因为农产品在加工后，其形式表现出多样化，消费者对品牌有自己的联想，如果消费者认为延伸产品与原产品品牌形象之间具有相互适应的关系，那么将对品牌延伸起到积极正面的作用，品牌延伸成功的把握就会变大。

4. 实施品牌延伸前企业要做到知己知彼 企业想要成功实施品牌延伸策略，仅了解自己的实力是不够的，同时还要了解当前市场状况，通过对目标市场的调查，判断消费者所重视的服务领域，以及延伸产品是否违背母品牌的核心价值。同时，企业在进行品牌延伸时还要注意延伸的最佳时机，不宜过早也不宜过晚，延伸的产品数目不宜过多。企业必须在母品牌的形象已经确立、具有自身核心价值的情况下才适合做产品延伸，否则将会面临母品牌形象被毁的风险。

5. 企业具备充足的财力与能力 一个企业如果想在农产品市场中成功地实施品牌延伸策略，必须具备品牌延伸的能力还有相关的财力，否则一切都只能是空谈。由于企业对市场资源的分配与产业链环节的控制需要有较强的针对性，加之品牌延伸是一个循序渐进而非一蹴而就的过程，因此农产品品牌延伸策略想要取得成功，就必须加强管理能力以及自身调节能力。

（五）农产品品牌延伸的基本策略

1. 生产新产品的类型 根据延伸产品种类的不同，品牌延伸可以分为线内延伸和线外延伸两种（见图 4—2）。

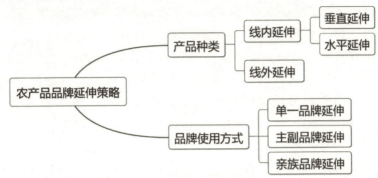

图 4-2 农产品品牌延伸策略分类

（1）线内延伸　线内延伸通常包括水平延伸和垂直延伸。水平延伸是指将品牌延伸到同质同类的新产品上，这类产品只在外观样式或者尺寸大小上不同，比如延伸出新的口味、款式等。

垂直延伸，又称品牌的纵向延伸，企业先推出某个品牌，成功以后再用其品牌名称推出同一产品大类中新的产品，也可以是推出新的改进产品，或换代的同一产品。垂直延伸一般都是从品牌或产品的档次高低来对产品定位进行调整，当企业将产品质量或包装档次均提高而仍用原有品牌，就是向上延伸；当企业为了吸引消费水平较低的消费者而生产低质价廉的产品，同时仍沿用原品牌名，就是向下延伸；当企业同时推出高、低两个档次的产品就属于双向延伸。

向上延伸策略有利于产品以较低的价格进入市场，市场阻碍相对较小，对竞争者的打击也较大。一旦占领部分市场，向中高档产品延伸，可获得较高的销售增长率和边际贡献率，并逐渐提升企业产品的高档次形象。如好想你枣片在原来普通包装的基础上推出礼品装如精装或者豪华包装等（见图 4—3）。

图 4-3 好想你一级红枣核桃礼品盒

案例十二

红星二锅头的品牌延伸

红星企业成立于 1949 年，是作为新中国的献礼而指定建设的项目之一。为了能让中华人民共和国成立初期生活水平都普遍不高的中国大众都能喝上纯正的二锅头酒，国家规定红星二锅头酒的价格不得过高。所以，自红星问世 50 多年以来，所生产的十余种产品都属于低价位酒。由于红星二锅头甘洌醇厚，价位低廉，受到消费者始终不变的青睐，"红星二锅头"也成了"大众的好酒"的代名词。五十年来，红星品牌下的各种低价位产品始终保持着高销量，一直稳坐北京地区低端白酒市场的第一把交椅。

2001 年，国家调整酒类产品消费税政策，使白酒行业利润率普遍下降，在客观上限制了低端白酒的重复建设，发展低端产品几乎到了无利可图的地步，政策的变化促使白酒生产企业纷纷采取应对措施。

2002 年年底，红星为了满足企业发展的需要，同时也为了提升红星品牌的价值，推出了价格为 200 元以上的高端新品"红星珍品二锅头"（见图 4—4），这是一个较为冒险的行为，也是个大胆的决策，因为推广这个产品首先需要改变二锅头在人们心目中根深蒂固的"便宜货"形象，而且又不能对红星这个品牌的市场占有率造成影响。

图 4-4　红星二锅头（左图）、红星珍品二锅头（右图）

根据中国人的传统，节假日，特别是传统的大节日——春节，是人们礼品消费的高峰期。于是，在 2003 年春节前夕，红星向市场投放了高端新品"红星珍品二锅头"，采用的包装高贵典雅，风格独特，具有典型中华民族包装文化特色，颇具欣赏和收藏价值，成为春节馈赠佳品。

由于红星二锅头酒原有的品牌知名度与质量保障，以及重新阐述的文化内涵，高贵的包装，红星高档产品在上市不久就体现出不错的发展势头。2003年上半年，红星新推的高档珍品二锅头酒销售额达到了几千万元。

向下延伸策略与向上延伸策略正好相反，该策略有利于公司或产品在树立高档次品牌形象的基础上，适时发展中低档产品，又可以躲避高档产品市场的竞争威胁，填补自身中低档产品线的空缺，为新竞争者的涉足设置障碍，并以低档、低价吸引更多的消费者，提高市场占有率。这种策略的优点是有利于占领低端市场，扩大市场占有率；缺点是容易损害核心品牌形象，分散核心品牌的销售量，甚至在核心品牌的消费族群中留下负面印象。

案例十三

五粮液的品牌延伸

五粮液集团有限公司是以五粮液及其一系列酒的生产经营为主，现代制造业、现代工业包装、光电玻璃、现代物流、橡胶制品、现代制药等产业多元发展，具有深厚企业文化的特大型现代企业集团。五粮液酒是中国最著名的白酒品牌，享有极高的市场声誉。自1915年获巴拿马万国博览会金奖以来，相继在世界各地的博览会上共获38次金奖；1995年在第十三届巴拿马国际食品博览会上再获金奖，铸造了五粮液"八十年金牌不倒"的辉煌业绩。

1994年，福建邵武糖酒副食品公司与五粮液联姻推出"闽台春"酒，拉开了五粮液品牌延伸的序幕。从1994年开始的八年间，五粮液延伸出了五粮春、五粮醇、五福液、金六福、铁哥们、蜀粮春、干一杯、四海春、京酒、浏阳河、圣酒、友酒、火爆酒、老作坊、东方龙、岁岁乐、宜寿酒、亚洲液、川酒王、国玉春、送福液、六百岁等百余个品牌。数量之多，速度之快，恐怕前无古人。

五粮液延伸出的百余个品牌，价格主要集中在30～80元，在风格、个性和消费群体上差异不大。大量同质产品挤在相同的市场空间，由于缺乏足够的市场容量而自相残杀，既破坏品牌形象，又破坏渠道体系，还造成市场混乱。某杂志曾报道过这样一件事：一位在大酒店负责采购的经理曾经在同一天内接待了 11 位五粮液系列酒的推销员，而且个个不同酒名，令人难辨应接不暇。为此五粮液公司推行了"一地一牌"策略，以形成地域区隔。但各为其利的品牌经营商，谁也不遵守地域原则，造成了实质上的品牌无区隔延伸，相互窜货，相互揭短，相互诋毁，严重破坏了五粮液作为白酒之王的尊贵形象。

双向延伸策略是由中档市场切入，为品牌的未来发展提供了双向的选择余地。这种策略的优点是有助于更大限度地满足不同层次消费者的需求，扩大市场份额；缺点是容易受到来自高低两端竞争者的夹击，或者造成企业品牌定位的模糊。

（2）线外延伸 又称横向延伸或跨类延伸，它是原品牌向其他的产品线或产品大类展开延伸，比如"好想你"品牌从枣片延伸到枣汁或者延伸到苹果、面粉等其他农产品，甚至也可以延伸到服装、手机等领域。

 案例十四

"好想你"的线外延伸

好想你健康食品股份有限公司始建于 1992 年，位于新郑工业区，从属农副食品加工业，是一家集红枣种植加工、冷藏保鲜、科技研发、贸易出口、观光旅游为一体的综合型企业。公司于 2011 年在深交所中小板上市，成为红枣行业第一家上市公司。

公司于 2016 年并购杭州郝姆斯食品有限公司（以下简称"郝姆斯"），成为传统食品企业并购互联网食品企业第一案。郝姆斯拥有"百草味"等品牌，是休闲食品的行业巨头，多年来一直位居互联网休闲食品行业前两名，"好想你"由此打开"商超＋电子商务＋流通"的新模式。

此外，公司业务还进行线外延伸。由"好想你健康食品股份有限公司"作为投资人进行了多项投资，包括"好想你物产有限公司""郑州好想你实业有限公司""郑州好想你仓储物流有限公司"等，业务涵盖食品生产与销售；保健食品研发、生产与销售；农作物种植及销售；农林新技术研究、技术推广及技术咨询服务；食品技术开发、技术转让、技术咨询；企业管理咨询；特色旅游景区管理；教育信息咨询；房屋租赁；非物质文化遗产保护；健身服务等。

2. 延伸产品和母品牌的命名　根据品牌的使用方式，品牌延伸可以分为单一品牌延伸策略、主副品牌延伸策略和亲族品牌延伸。

（1）单一品牌延伸策略　单一品牌延伸策略是指企业在进行品牌延伸时，无论纵向延伸还是横向延伸都采用相同的品牌，品牌名称、商标标识等要素都不改变。这种做法的好处是让品牌价值最大化，充分发挥名牌的带动作用，节省品牌推广费用，快速占领市场。局限性是有些产品不一定适合这个品牌，一旦某一产品出了问题会连累其他产品，损害整个品牌形象，造成一损俱损的后果。

（2）主副品牌延伸策略　主副品牌延伸策略是从一个主品牌涵盖企业的系列产品，到同时给各产品命名一个副品牌，以副品牌来突出不同产品的个性形象。这种利用"成名品牌＋专用副品牌"的品牌延伸策略，借助顾客对主品牌的好感、偏好，通过情感迁移，使顾客快速认可和喜欢新产品，达到"一石二鸟"的效果。在品牌延伸方面较成功的一个品牌就是海尔。"海尔"作为主品牌来涵盖企业所生产的系列产品，同时又给不同产品起一个生动活泼、富有魅力的名字作为副品牌。在冰箱上，海尔有小王子、双王子、大王子、帅王子、金王子等，在洗衣机上海尔有神童、小小神童等，其他电器产品也各有各的副品牌。如此，达到了"既借原品牌之势，又避免连累原品牌"的效果，可谓左右逢源。但需注意的是，副品牌只是主品牌的有效补充，副品牌仅仅处于从属地位，副品牌的宣传必须要依附于主品牌，而不能超越主品牌。

（3）亲族品牌延伸　亲族品牌延伸是指企业经营的各项产品市场占有率虽然相对较稳定，但是产品品类差别较大，或是跨行业时，或原有品牌定位及属性不宜作延伸时，企业往往把经营的产品按属性分为几个大的类别，然后冠之以几个统一的品牌。如中国粮油食品进出口总公司在罐头类产品上使用"梅林"商标，在调味品上使用"红梅"商标，在酒类商品上则使用"长城"商标（见图4-5）。

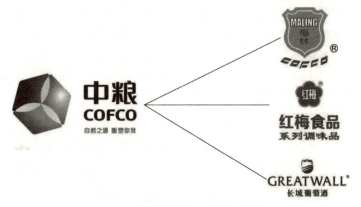

4-5　中粮集团的亲族品牌延伸

亲族品牌策略的优势是避免了产品线过宽使用统一品牌而带来的品牌属性及概念的模糊，且避免了一品一牌策略带来的品牌过多，营销及传播费用无法整合的缺点。亲族品牌策略无明显的劣势，但是相对统一品牌策略而言，如果目标市场利润低，企业营销成本又高的话，亲族品牌策略略显营销传播费用分散，无法起到整合的效果。因此，如果企业要实施亲族品牌策略，应考虑行业差别较大，现有品牌不宜延伸的领域。

一般情况下，横向延伸一般采用亲族品牌延伸策略，有时候也可以采用单一品牌与祝福品牌延伸策略；而纵向延伸却很少采取亲族品牌策略。

 案例十五

阳澄湖大闸蟹遭遇品牌危机
—— 区域公用品牌建设到底要怎么做？

近年来，阳澄湖大闸蟹深受消费者喜爱，众多的商家都自称销售的是阳澄湖大闸蟹。销量较高的网购平台一个月礼品券就可以销售约9万张，不同的商家价格不一，但消费者购买的并非都是真正的阳澄湖大闸蟹。

调查统计发现，2017年的大闸蟹总销售额为778亿元，阳澄湖大闸蟹占其中的40%，约300亿元。市场上阳澄湖大闸蟹的总销售额中，真正的阳澄湖大闸蟹只有1%的占比，这足以说明，消费者在市场上购买的阳澄湖大闸蟹九成比例都是假货。政府、消费者等每年都在抵制假货，但冒牌的阳澄湖大闸蟹还是层出不穷，消费者如何才能买到真正的阳澄湖大闸蟹？

区域品牌是特定区域内的某特色或优势产业集群，经过长期发展、沉淀和成长而形成，具有较高的市场竞争力、良好的声誉和影响力的集体品牌。区域公共品牌即包含区域特征、自然人文和产业特色的集群属性，又具有差异性、价值感和符号化的品牌特性。然而区域品牌建设有很大的缺点，当区域品牌建设相对成功时，就会出现一定的问题。农产品区域品牌沦为公地，产区内的、产区外的，也不管品质达不达标，都来搭车蹭光。导致这类问题的产生主要有以下两个方面：

（1）品牌缺乏独占性 以阳澄湖大闸蟹这一品牌为例，当地所有人都可以受益，而无人维护，虽然"阳澄湖"牌商标的注册者是苏州蟹业协会，但是实际的养蟹者是分散的养殖户。目前"阳澄湖大闸蟹"品牌通过行业协会的方式来进行管理推广。凡是加入协会的公司和蟹农，都可以用"阳澄湖大闸蟹"的名义对外出售具有防伪蟹扣的大闸蟹。此外，阳澄湖大闸蟹的"地理产品标志保护"只属于"阳澄湖"这一个品牌，但是，近18万亩的阳澄湖，无法阻挡其他品牌的大闸蟹以"阳澄湖"的名义来销售，也无法阻止一些不符合品质要求的大闸蟹的搭便车行为。而如果是企业品牌的话，那么企业享受某品牌的独占性和受益的唯一性，如果出现假冒伪劣，则必然被市场淘汰，因此会竭力维护其品牌。

（2）产业链规范的复杂性和主管部门多头管理　以阳澄湖大闸蟹为例，生产属于农业部、流通销售属于工商部门、质量属于质检部门，产业链规范的复杂性和主管的多头管理，影响了阳澄湖大闸蟹品牌的发展。而国际上一些知名的产地品牌，背后是一条完整的产业链，它包括很多上下游企业和其他关联方。然而中国目前以行业协会为主的机构是缺少足够权威性的民间组织，主要还是靠行业成员自律为主，而溯源式产业链规范，短时间内在国内难以实现。

新西兰奇异果产业从1904年开始一直到1988年，也是处于自发、松散种植、销售时期。20世纪后半期，果农多头管理的经营模式导致新西兰奇异果产业遭受重创，濒临全军覆没。为了解决自身的生存问题，新西兰果农在政府的协助和配合下，组建了一个统一的销售窗口"新西兰奇异果营销局"，集中并整合果农资源形成单一出口的营销模式，加强从选育品种、果园生产、包装、冷藏、运输、配售及广告促销等环节的配合，使得新西兰奇异果成为全球奇异果市场的领导品牌。

 议一议

1. 阳澄湖大闸蟹为什么会出现品牌危机？

2. 对于以阳澄湖大闸蟹为例的区域公用品牌，你认为应该如何进行品牌管理以避免品牌危机的产生？

3. 请问您所在的乡（村）是否有区域公用品牌？这些品牌是否曾发生过品牌危机？如果曾发生品牌危机，这些危机又是如何解决的？

案例十六

娃哈哈集团的品牌延伸

杭州娃哈哈集团有限公司创建于1987年，为中国最大、全球第五的食品饮料生产企业。在销售收入、利税等指标上已连续11年位居中国饮料行业首位，成为目前中国最大、效益最好、最具发展潜力的食品饮料企业。娃哈哈集团在品牌延伸的道路上经历了五个阶段：

第一阶段：从液态奶到果奶。

"娃哈哈"诞生于1989年，从液态奶起家，短短一年便实现销售过亿。宗庆后在当时发展迅速的营养液市场上发现了一个市场空白——儿童市场，遂开发出以"给小孩子开胃"为诉求的儿童营养液产品，并起名为"娃哈哈"。在强力的广告宣传下，娃哈哈儿童营养液的销量迅速增长，1990年销售额便突破亿元，1991年更是增长到4亿元。娃哈哈在两年之内也成功成长为一个有极大影响力的儿童营养液品牌。1992年娃哈哈又开发出针对儿童消费者的第二个产品——果奶。虽然当时市场上已存在不少同类产品，但凭借娃哈哈营养液的影响力再加上两年来建立的销售渠道和规模生产的优势，果奶上市并没遇到什么困难，一度占据了市场的半壁江山。

第二阶段：突入纯净水。

1995年"娃哈哈"决定进入成人饮料市场并沿用"娃哈哈"品牌生产纯净水。延伸决议受到了几乎一边倒的非议。一个儿童品牌如何能打动成人是"娃哈哈"面临的最大挑战。针对这个垂直性的转型很多人认为此举并不能利用"娃哈哈"原有的优势，只会让品牌个性变得模糊。但考虑到创新所涉及的巨额推广费用（估计每年要在1亿~2亿元）以及"娃哈哈"当时的资金情况，宗庆后决然地坚持了延伸。相应地在广告宣传上"娃哈哈"纯净水淡化了原先的儿童概念，采用"我的眼里只有你""爱你等于爱自己"等宣扬年轻、活力、纯净的时尚概念，寻求在成人特别是年轻人心中的认同感。

第三阶段：进入软饮市场挑战"两乐"。

1998年在强大的销售压力下，"娃哈哈"决定挺入竞争白热的软饮料市场。在宗庆后的带领下，"娃哈哈"又义无反顾地杀入被"两乐"把持的碳酸饮料市场，在市场上引起轩然大波。这次"娃哈哈"没有单纯地进行延伸而是引入了在娃哈哈旗下的隐性品牌——非常可乐（Future）。在市场怀疑声中"娃哈哈"的非常可乐艰难地成长起来。2003年非常可乐全年的产销量超过了

60万吨，直逼百事可乐在中国的100万吨。同时"娃哈哈"在非常可乐下又延伸出非常柠檬、非常甜橙等产品，完善"非常"产品线全面挑战两乐旗下的雪碧、芬达、七喜和美年达。另外"娃哈哈"还推出了非常茶饮料，向统一、康师傅主导的茶饮品细分市场渗透。

第四阶段：拓展童装市场。

2002年为了拓展利润，"娃哈哈"决心进军童装市场并宣称2002年年底在全国开2 000家专卖店，为塑造一个儿童服装品牌奠定基础。"娃哈哈"运作童装的思路是以OEM进行贴牌生产，以同专业童装设计单位合作的方式完成设计，以零加盟费的方式尽快完成专卖店在全国的布局。但一年多过去了，"娃哈哈"在全国仅开设了800多家专卖店。初次受挫后，宗庆后并不承认是延伸上的问题，坦言是"对整个市场需求的估计不足"并对"娃哈哈"童装在一年内创造了两亿元的收入感到满意。

第五阶段：进军白酒业。

2013年，娃哈哈集团公司和贵州省仁怀市政府签署了白酒战略投资协议。根据这一协议，"娃哈哈"一期将投资150亿元，与茅台镇金酱酒业合作，成立贵州省仁怀市茅台镇领酱国酒业，共同推出领酱国酒。此后又延伸了领香国酒等产品，横跨浓香、酱香，价位从低端到中高端。

由于销售量常年不见上升，2017年9月6日，宗庆后和"娃哈哈"宏振投资退出，当年6月刚刚成立的顺平县华江商贸收购"娃哈哈"宏振投资所持的80%股份，而茅台镇领酱国酒业也更名为茅台镇华领国酒业，法定代表人也由宗庆后变更为刘福辉。2018年5月，茅台镇金酱酒业退出，华领国酒业最终由顺平县华江商贸全资持股100%，而茅台镇华领国酒业也变为有限责任公司。

 议一议

1. 娃哈哈在进行品牌延伸过程中都使用了哪些策略？每一种策略是怎么应用的？

2. 娃哈哈在品牌延伸过程中遇到了哪些问题？为什么会遇到这些问题？

3. 谈谈你认为娃哈哈品牌延伸是否成功？

模块五

争个好政策：国家出台了哪些农产品品牌发展扶持政策

➔ 学习目标

　　通过本模块的学习，学员要了解中央和地方政府出台的农产品品牌建设政策法规，及时掌握新政策。熟悉"××省名牌产品""三品一标""一村一品"的申报条件和流程，以利于农产品品牌的建设。

小贴士

2020年"中央一号"文件（涉及农产品品牌建设部分）

　　2020年"中央一号"文件从稳定粮食生产、加快恢复生猪生产、加强农业设施建设、发展富民乡村产业、稳定农民工就业等5个方面提出了农产品有效供给的重要保障措施。其中，在发展富民乡村产业中，强调要加强绿色食品、有机农产品、地理标志农产品认证和管理，打造地方知名农产品品牌，增加优质绿色农产品供给。

　　1. 优质农产品和品牌农业是乡村产业振兴的重要突破口　乡村振兴，产业兴旺是首位。优质农产品生产和品牌农业代表着消费结构和供给体系的升级方向，有利于农业由增产导向向提质导向的转变，促进资本、技术、信息、人才等要素在城乡之间循环流动，打破城乡二元结构，推进一体化发展。同时，发掘贫困地区的优质农产品，发展品牌农业，有助于将资源优势转变为市场竞争力，从而发挥品牌溢价功能，解决贫困地区农民脱贫致富奔小康的问题。

　　2. 优质农产品和品牌农业有利于提升农业附加值　随着农业现代化建设步伐的不断加快，我国农业已经迈入品牌时代。优质农产品和品牌农业能够有效提升农业产业的附加值，促进农民增收致富，优质农产品和品牌农业也是新时期解决人民日益增长的美好生活需求和不平衡不充分发展之间矛盾的重要抓手。

3. 优质农产品和品牌农业是农业"走出去"的重要抓手 我国面临的国外农产品市场竞争越来越激烈，随着农业全球化水平的提高，优质农产品和农业品牌的竞争已成为国际市场竞争的焦点之一。实施农业品牌战略几乎是世界农业强国实现农业现代化和赢得国际竞争优势的通行做法。加快我国农业品牌建设升级，打造一批优质特色农产品，不仅是我国应对农产品国际竞争的战略选择，也是提高中国农业国际竞争力，提高对外合作层次和开放水平的重要途径。

一、熟悉政策

（一）河南省名牌产品

为推进名牌战略的实施，规范河南省名牌产品认定工作，加强河南省名牌产品的监督管理，提高全省产品质量水平，根据《中华人民共和国产品质量法》、国务院《质量发展纲要（2011—2020年)》和《河南省人民政府关于贯彻国务院质量发展纲要（2011—2020年）的实施意见》有关规定，结合全省实际，2013年由河南省质量技术监督局牵头，政府有关部门、中介组织、新闻单位、科研院所等单位共同组成了"河南省名牌战略推进委员会"，并制定出《河南省名牌产品管理办法》。

该办法中指出，河南省名牌产品是指实物（服务）质量处于全省乃至全国领先水平，市场占有率和品牌知名度居全省乃至全国前列，用户满意度高，质量信用好，经济和社会效益显著，具有较强市场竞争力和广阔发展前景，并按本办法予以认定公布的产品（服务）。河南省名牌产品认定工作，建立以市场认定和消费者认可为基础，以客观准确的量化数据为依据，以第三方机构或专家组织为主体，以政府部门推动、规范、监督为保证的科学认定机制。《河南省名牌产品管理办法》中还指出，对在实施名牌战略、争创河南省名牌产品过程中做出突出贡献的单位和个人，可按有关规定给予奖励。

2015年1月，河南省质量立省战略工作领导小组按照《河南省名牌产品管理办法》的有关要求，对"2014年河南省名牌产品"申报产品进行了审查认定，授予南街村方便面、六月香小麦粉、文新信阳毛尖茶等336个产品"2014年河南省名牌产品"称号，颁发河南省名牌产品证书，证书有效期为三年。

此外，河南省质量技术监督局为落实"三个转变"，建设质量强省，加快区域品牌建设，推动河南省产业转型升级，开展了"河南省知名品牌创建示范区"建设工作。2018年，按照《中共河南省委 河南省人民政府关于开展质量提升行动的实施意见》和《河南省质量技术监督局关于开展河南省知名品牌创建示范区创建工作的通知》的要求，经自愿申报、文审论证、批准创建、考核验收、会议审定等程序，河南省质量技术监督局确定了6个示范区（见表5-1）。

表5-1　河南省6个知名品牌创建示范区

序号	产业集聚区	示范区称号
1	鹤壁市鹤淇产业集聚区	河南省禽类肉制品产业知名品牌创建示范区
2	太康县产业集聚区	河南省工业锅炉产业知名品牌创建示范区
3	驻马店装备产业集聚区	河南省专用汽车及零部件产业知名品牌创建示范区
4	商丘市梁园产业集聚区	河南省面制品（方便食品）产业知名品牌创建示范区
5	新乡化学与物理电源产业园区	河南省动力电源产业知名品牌创建示范区
6	漯河市沙澧产业集聚区	河南省无菌类医疗器械产业知名品牌创建示范区

（二）"三品一标"

作为国内对安全农产品质量标识的分类，"三品一标"是无公害农产品、绿色食品、有机农产品和农产品地理标志的统称，是我国政府主导的安全优质农产品公共品牌，属于目前及今后很长一段时期内农产品生产消费主要倡导的产品。

1. 无公害农产品　无公害农产品是指产地环境、生产过程和产品质量均符合国家有关标准和规范要求，经农业农村部农产品质量安全中心认证合格、并允许使用无公害标志的食品。它的特点在于：①定位于"保障基本安全，满足大众消费"，认证初级食用农产品，产品质量达到我国普通农产品和食品标准要求。②推行"标准化生产、投入品监管、关键点控制、安全性保障"的技术制度（禁止使用高毒农药）。③采取产地认定与产品认证相结合的方式，认证时要进行产地环境和产品质量检测，证书有效期三年，到期前要复查换证。④认证属于公益性事业，实行政府推动的发展机制，认证不收费。

 案 例 一

柘城辣椒

　　河南省柘城辣椒作为产业发展已近50年。20世纪90年代末到现在，种植面积稳定在40万亩以上，被命名为"中国三樱椒之乡"（见图5-1）。近年来，柘城县突出辣椒产业优势，统筹推进布局区域化、经营规模化、生产标准化、发展产业化，促进由分散到集中、由粗放到标准、由单一种植到全产业链的升级。目前，全县有15万人聚集在辣椒产业链上，带动2.8万贫困人口脱贫。

2006年，柘城县被河南省农业厅认定为"河南省无公害农产品生产基地"。

2007年，柘城承担的国家级无公害三樱椒标准化示范项目正式通过国家考核验收，获农业部"无公害三樱椒生产基地"和"无公害农产品"认证。

2017年，柘城辣椒获得了"国家地理标志保护产品"等称号，荣登中国地理标志区域品牌百强榜第65位，品牌价值43.37亿元。

2018年，柘城县三樱椒种植面积40万亩，年产干椒12万吨，共有15万椒农从事辣椒种植、加工、冷藏、物流、营销，2 500余名辣椒经纪人活跃在大江南北，带动30万人依靠辣椒走向致富之路。

2019年11月15日，柘城辣椒入选中国农业品牌目录。辣椒产业已成为柘城名副其实的强县支柱、富民特色产业。

2020年，柘城辣椒获评国家农产品地理标志。入选中欧地理标志第二批保护名单。入选全国十大名椒。

图5-1 中国三樱椒之乡

2. 绿色食品 绿色食品是指产于优良生态环境、按照绿色食品标准生产、实行全程质量控制并获得绿色食品标志使用权的安全、优质食用农产品及相关产品。绿色食品的生产必须获得国家权威机构的认证和许可，目前绿色食品的认证由国家绿色食品中心负责。绿色食品突出生产环境的原始生态性，也是未来我国食品努力达到的标准。它的特点在于：①定位于国内大中城市和国际市场，满足更高层次的消费。产品以初级农产品为基础、加工农产品为主体；产品质量安全标准整体达到发达国家先进水平。②推行"两端监测、过程控制、质量认证、标志管理"的技术制度（允许使用推荐的农药、肥料和食品添加剂）。③采取质量认证与证明商标管理相结合的方式，认证时需要按"绿色食品"标准进行环境监测和产品检测；证书有效期三年。④实行政府推动与市场拉动相结合的发展机制，不以营利为目的，收取一定费用保障事业发展。证明商标是农业农村部所有和授权使用。

3. 有机食品　有机农产品是指根据有机农业原则，生产过程绝对禁止使用人工合成的农药、化肥、色素等化学物质和采用对环境无害的方式生产、销售过程受专业认证机构全程监控，通过独立认证机构认证并颁发证书，销售总量受控制的一类真正纯天然、高口位、高质量的食品。它的特点在于：①有机食品也叫有机农产品，主要与国际接轨，满足特定消费和高端市场，产品以初级和初加工农产品为主。②按照有机农业方式生产，注重生产过程监控，推行不使用化学投入品的技术制度（禁止使用化学合成的农药、化肥、生长调节剂、饲料和饲料添加剂等物质），对产品质量安全不作特殊要求（销售时符合国家标准即可）。③强调常规农业向有机农业转换，注重生态环境保护和农业可持续发展。④按照国际惯例，采取市场化运作，标志由国家认监委统一管理，授权 26 家认证机构认证监管，一年一认证。

📖 案 例 二

洛宁上戈苹果

苹果是河南省洛阳市主要特色农产品之一，其核心生产基地洛宁是农业部（现称农业农村部）确定的全国优质苹果最佳适生区之一、国家科协确定的国家级科普示范基地、河南省最早的绿色食品苹果生产基地，素有"中原苹果第一乡"之美誉。

"上戈"牌苹果（见图 5-2）1998 年被中国绿色食品发展中心认定为"绿色食品"，成为河南省唯一生产绿色食品苹果的基地，准许使用绿色食品商标标志，2004 年被河南省名牌战略推进会评定为"河南省名牌农产品"，也是洛阳市唯一获此殊荣的农产品，2010 年 9 月上戈苹果被中安质环认证中心确定为"有机食品苹果"，在中国第八届农产品交易会上，

图 5-2　"上戈"牌苹果

上戈苹果获得金奖。2013 年，农业部正式批准对"上戈苹果"实施农产品地理标志登记保护。

目前，洛宁水果种植面积近 35 万亩，年产量 3.6 亿千克，年产值 10 亿多元。全县从事水果生产的果农有 4 万余户，人均水果收入达 3 000 元以上，直接带动贫困户 2 000 余户。

4. 农产品地理标志　农产品地理标志是指农产品来源于特定地域，产品品

质和相关特征主要取决于自然生态环境和历史人文因素，并以地域名称冠名的特有农产品标志。它的特点在于：①农产品地理标志突出"三特"：突出产品的独特地理环境、独特品质、独特人文历史，以地名加产品命名，是一个地域优势特色品牌，也是区域公共品牌。②农产品地理标志是在长期的农业生产和百姓生活中形成的地方优良物质文化财富，建立农产品地理标志登记制度，对优质、特色的农产品进行地理标志保护，是合理利用与保护农业资源、农耕文化的现实要求，有利于培育地方主导产业，形成有利于知识产权保护的地方特色农产品品牌。③倡导"产自特定区域、彰显独特品质"的农产品文化消费理念。④农产品地理标志登记时，要检测产品的特性指标，要品鉴其色、香、味等感官指标，要求持证人对产地环境、生产方式和产品质量做出保护规定。

2017 年 9 月 7 日，河南省绿色食品发展中心提出要努力营造出全社会关心、关注和支持"三品一标"发展的良好氛围，要以"重点发展优质小麦、优质花生、优质草畜、优质林果"为重点推进"三品一标"认证工作，要牢固树立和贯彻落实"创新、协调、绿色、开放、共享"的发展理念，以优质小麦、优质花生、优质草畜和优质林果为重点，围绕"一控两减三基本"和农产品品牌建设目标，扎实推进"三品一标"认证登记管理，确保实现"三品一标"产品数年均递增 6% 以上、力争达到年递增 10%。截至 2020 年 4 月 19 日，河南省"三品一标"农产品已达 4 679 个，培育创建了 16 个国字号品牌（见表 5-2），600 个省级品牌。

表 5-2　河南省 16 个国字号品牌列表

序号	申报单位	申报品牌	备注
1	河南省灵宝市果品产业协会	灵宝苹果	果品
2	河南省兰考县农产品质量安全检测中心	兰考蜜果	果品
3	河南省西峡县猕猴桃生产办公室	西峡猕猴桃	果品
4	河南省温县四大怀药协会	温县铁棍山药	蔬菜
5	河南省汝阳县农产品质量安全检测站	汝阳红薯	蔬菜
6	河南省杞县农业产业化办公室	杞县大蒜	蔬菜
7	河南省柘城县农业农村局	柘城辣椒	蔬菜
8	河南省新乡市种子管理站	新乡小麦	粮食
9	河南省永城市现代农业发展促进会	永城富硒小麦粉	粮食
10	河南省驻马店市泌阳县夏南牛研究推广中心	泌阳夏南牛	畜禽
11	河南省郏县红牛养殖协会	郏县红牛	畜禽
12	河南省郑州市渔业协会	郑州黄河鲤鱼	水产

（续）

序号	申报单位	申报品牌	备注
13	河南省驻马店市正阳县农产品质量安全检测站	正阳花生	油料
14	河南省驻马店市平舆县农产品质量安全检测站	平舆白芝麻	油料
15	河南省信阳市茶叶协会	信阳毛尖	茶叶
16	河南省济源市人民政府	济源冬凌草	中药材

★ 案例三

河南菡香生态农业专业合作社发展"三品一标"

河南菡香生态农业专业合作社成立于 2006 年 9 月，拥有社员 319 户。2007年，合作社向国家商标总局申请注册了"菡香"牌大米商标（见图 5-3），并获得了国家级无公害农产品基地认证，2008 年，经中国食品发展中心审核，菡香牌大米、香米、精米、黑米、江米均符合绿色食品 A 级标准，被认定为绿色食品 A 级产品，菡香牌大米被评为河南省名牌农产品。2010 年，合作社和河南省绿色食品办公室、河南省委机关事务局共同建立了绿色食品生产示范基地，菡香大米被河南省政府机关事务局定为省政府专供产品，申请了"马宣寨"大米地理标志登记保护。

合作社获证后，积极参加中国国际农产品交易会、上海国际有机食品博览会和中国绿色食品博览会等各大展会，提高了产品的知名度，赢得了广大消费者的认可，订单数量不断增多，产品价格大幅提高。

以 2016 年为例，绿色食品大米价格由获证前的每千克 4.2 元提高到 6.2 元，每千克增加效益 2 元，年用标产品 1 380 万千克，净增加经济效益 2 760 万元；有机食品大米价格由获证前的每千克 4.2 元提高到 30 元，每千克增加效益 25.8 元，年用标产品 26 万千克，净增加经济效益 670.8 万元，仅此两项就增加效益 3 430.8 万元。合作社积极实施农业品牌扶贫，与 127 户贫困户签订种植协议，采用"六统一"＋"三免一增"管理模式，保护价收购

图 5-3 菡香大米

每千克提高 0.6 元，年户均增收 3 600 余元，助力了贫困人口稳定脱贫。

议一议

1. 蔺香大米是如何提高产品知名度的？
2. 蔺香大米获得"三品一标"证书后对于品牌发展有什么好处？

（三）《河南省知名农业品牌目录》制度

2014 年 12 月 03 日，农业部（现为农业农村部）提出我国将探索建立农产品品牌目录制度，将最有影响力、最有价值的品牌纳入国家品牌目录，定期发布、动态管理。中国农业品牌目录制度建设，是依据相关评价标准分类遴选国家级农业品牌形成目录、并对目录品牌进行推介、管理和保护的制度安排。建立中国农业品牌目录制度是落实《国务院关于促进乡村产业振兴的指导意见》《农业农村部关于加快推进品牌强农的意见》的具体举措，旨在引领农业品牌建设，塑造具有国际竞争力的中国农业品牌，提升我国农业竞争力，加快推动我国由农业大国向农业强国转变。

2017 年，河南省农业农村厅根据省领导"要借助中国农业品牌发展大会平台，大力宣传推介河南农业品牌"的指示精神，发布了《河南省知名农业品牌目录》。2019 年，河南省农业农村厅又根据《河南省农业农村厅关于加快推进品牌强农的实施意见》和年度工作安排，对《河南省知名农业品牌目录》进行了修订更新。后经自愿申报、逐级推荐、专家评审、社会公示、会议研究，最终于 2020 年 4 月 17 日确定了"通许小麦"等 200 个农业品牌入选河南省知名农业品牌目录，其中农产品区域公用品牌 20 个、农业企业品牌 50 个、农产品品牌 130 个，表 5-3 列出了部分入选品牌。

表 5-3 2019 年河南省知名农业品牌目录（部分）

序号	市（县）	申报品牌名称	申报单位	"三品一标"认证情况
农产品区域公用品牌（共 20 个，下述 5 个示例）				
1	开封	通许小麦	通许县农产品质量安全监测中心	名特优新农产品
2	洛阳	汝阳香菇	汝阳县农产品质量安全监测站	农产品地理标志
3	平顶山	舞钢莲藕	舞钢市人民政府蔬菜办公室	农产品地理标志
4	安阳	都里小米	殷都区农业农村局	名特优新农产品
5	鹤壁	善堂花生	浚县花生协会	名特优新农产品
企业品牌（共 50 个，下述 5 个示例）				
1	郑州	卓卓葡萄	郑州卓卓农业种植有限公司	绿色食品
2	开封	汴梁西瓜	通许县汴梁西瓜合作社	绿色食品

（续）

序号	市（县）	申报品牌名称	申报单位	"三品一标"认证情况
3	平顶山	创大刀削面	河南创大粮食加工有限公司	—
4	新乡	原优大米	河南省双龙米业有限公司	绿色食品
5	濮阳	前丰面粉	台前县前丰制粉有限公司	绿色食品
特色农产品品牌（共130个，下述5个示例）				
1	郑州	鸿润核桃	郑州鸿润农业发展有限公司	绿色食品
2	焦作	怀庆仙桃	修武县爱心家庭农场	绿色食品
3	许昌	民生黑豆	长葛市民生种植专业合作社	绿色食品
4	周口	扶田西瓜	扶沟县运来种植专业合作社	无公害农产品
5	邓州	丹润番茄	邓州市成林种植专业合作社	绿色食品

此外，河南省农业农村厅还强调，"各地要持续深化绿色兴农、质量兴农、品牌强农，创新手段形式，加大入选品牌的宣传推介力度，努力提升品牌影响力，助力产业做大做强。要大力开展市（县）品牌创建活动，积极构建'省＋市＋县'农业品牌梯次发展格局。要加强政策引导，浓厚创建氛围，充分发挥品牌引领带动作用，不断推动我省现代农业高质量发展，助力乡村振兴。"

（四）"一村一品"发展政策

2019年4月22日，农业农村部和财政部联合发布了2019年重点强农惠农政策，明确提出要促进优势特色主导产业发展，围绕区域优势特色主导产业，着力发展一批小而精的特色产业集聚区，示范引导一村一品、一镇一特、一县一业发展。

"一村一品"是指在一定区域范围内，以村为基本单位，按照国内外市场需求，充分发挥本地资源优势，通过大力推进规模化、标准化、品牌化和市场化建设，使一个村（或几个村）拥有一个（或几个）市场潜力大、区域特色明显、附加值高的主导产品和产业。

实际上，早在2005年，"中央一号"文件就曾提出，要按照国内外市场需求，积极发展品质优良，特色明显，附加值高的优势农产品，推进"一村一品"，实现农业增收增效。2010年"中央一号"文件中也提出推进"一村一品"强村富民工程和专业示范区。再到2019年的重点强农惠农政策，可以看出，开展"一村一品"运动是我国促进现代农业发展的重要举措之一，对促进我国农民的增收具有重要的意义。

河南是农业大省，粮、棉、油等主要农产品产量均居全国前列，是全国重要的优质农产品主产区和粮食转化加工基地。充足的光、热、水资源和肥沃的土地，为河南"一村一品"的发展，奠定了良好的自然条件基础。同时，河南省政府也积极鼓励和支持示范村镇开展品牌建设、发展新兴业态、拓展农业功能，引领全省范围实施"一村一品"强村富民工程。截至目前，河南省共有114个村镇获得全国"一村一品"示范村镇的称号。2017年，农业农村部公布了第七批全国一村一品示范村镇，其中河南省共9个（见表5-4）。

表5-4 河南省第七批全国"一村一品"示范村镇

序号	名单	序号	名单
1	河南汤阴县韩庄乡南张贾村（有机果蔬）	6	潢川县踅孜镇淮南村（淮蘭翠芽）
2	济源市承留镇玉阳村（玉阳山核桃）	7	南乐县张果屯乡烟之东村（森富草莓）
3	濮阳县胡状乡炉里村（蔬菜）	8	郸城县秋渠乡于寨村（芹菜）
4	巩义市小关镇南岭新村（核桃）	9	西峡县双龙镇（西峡香菇）
5	舞钢市尚店镇王庄村（乡村旅游）		

案例四

正阳花生

正阳花生是河南省正阳县特产，中国国家地理标志产品。正阳花生以优质珍珠豆型特色著称，脂肪含量高，水分含量低，产品重金属和黄曲霉素含量均低于国家标准，具有香、酥、脆、口感好、营养丰富等特点。

正阳县以"一县一品"品牌扶持行动为抓手，积极申报"三品一标"认证，共获批"三品一标"农产品32个，认证比例达85%。截至目前，170万亩正阳花生通过农业农村部农产品地理标志认证。正阳花生也成为唯一的全国农产品地理标志110强的花生品牌，且排名34位，品牌价值达98.54亿元。目前，花生综合收入达到148亿元，正阳县经济综合实力在河南省排名从2016年第89位上升到2018年第59位。

正阳县结合资源优势与区位优势发展花生产业，在形成一定基础后转型升级实现区域发展，带动了当地经济的发展，也使正阳县在全国闻名（见图5-4）。

图5-4 正阳花生特色小镇

二、争取政策

（一）申报河南省名牌产品

河南省农业农村厅非常重视拥有自主知识产权和具有河南特色的农产品商标注册工作，积极加强与工商部门的协调与沟通，切实帮助农产品生产经营主体解决在商标注册和商标保护中遇到的困难和问题，并且督促各市、县要研究制定鼓励支持知名农产品发展政策，不断增强企业、农民专业合作经济组织、经纪人、农户等生产经营主体的经营管理意识。截至 2018 年年底，河南省农业品牌中拥有"中国驰名商标"78 个、省级知名品牌 400 个、"三品一标"农产品 4 429 个，"河南制造"和"豫农名品"的美誉度、影响力不断提升，推动农业发展实现量的增长和质的飞跃。

1. 申报条件　申报河南省名牌产品大体可以分为两个步骤，首先注册农产品商标，然后申报河南省名牌产品。参照河南省农业农村厅发布的《河南省名牌产品管理办法》，每个步骤又需要一些具体的申报条件和材料（见表 5 - 5 和表 5 - 6）。河南省名牌产品实行动态管理，有效期为三年，期满前三个月可重新申请。

表 5 - 5　注册农产品商标申报材料

序号	注册农产品商标申报材料
1	以企业名义申请需提供企业营业执照副本复印件，盖公章，以个人名义申请的需要提供个人身份证及个体户工商营业执照复印件，身份证需要签字，个体户执照需要盖章
2	农产品商标注册申请书（个人及个体户名义申请的，需要在申请书上签字或盖章）
3	代理委托书（由企业盖章或由个人签字）
4	确定的商标字样或图样（电子版 JPG 格式）
5	确定农产品或服务类别及具体的产品或服务项目

表 5 - 6　河南省名牌产品申报条件

序号	企业申报条件
1	在河南省工商行政管理部门注册成立三年以上，具有法人资格
2	质量管理体系健全并有效运行，积极推行卓越绩效等先进质量管理方法
3	具有完善的计量检测体系和计量保证能力
4	具有完善的标准化管理体系
5	具有完善的售后服务体系
6	积极履行社会责任，重视品牌战略，重视质量诚信体系建设，有良好的社会形象

（续）

序号	产品申报条件
1	符合国家产业政策和有关法律、法规的规定
2	在年度河南省名牌产品认定指导目录范围内
3	按照合法、有效的先进标准组织生产，产品质量达到全省乃至全国同行业先进水平
4	具有先进可靠的生产条件和工艺技术装备，自主创新成效突出，具有较强的核心竞争能力
5	连续生产经营三年以上，并在企业注册商标范围内
6	市场占有率、品牌知名度和顾客满意度居全省乃至全国同类产品前列
7	申报产品商标符合《中华人民共和国商标法》的规定，且商标所有权属于河南省各级工商行政管理部门注册的企业

2. 不能申报情况　《河南省名牌产品管理办法》中规定，凡有下列情形之一者，不能申报河南省名牌产品（见表5-7）。

表5-7　河南省名牌产品不能申报条件

序号	不能申报条件
1	应获得行政许可或强制性产品认证而未获得的
2	申报产品有各级质量监督检查不合格记录的
3	企业发生重大质量、安全、环保问题、知识产权侵权行为，或者有重大质量投诉经查证属实的
4	被撤销河南省名牌产品称号的
5	有严重不良信用记录的
6	有其他严重违反产品质量法律法规行为的

3. 申报与认定程序　河南省名牌产品的申报程序和认定程序（见表5-8）。

表5-8　河南省名牌产品的申报程序和认定程序

序号	申报程序
1	河南省名牌战略推进委员会根据年度工作计划，发布河南省名牌产品申报通知或公告
2	符合申报条件的企业，自愿填报《河南省名牌产品申报表》或《河南省服务名牌申报表》，并提供相关证明文件和材料
3	企业所在地省辖市、省直管试点县（市）名推委或质量技术监督部门对企业申报材料的真实性和完整性进行初审，签署推荐意见，报送河南省名牌战略推进委员会

序号	认定程序
1	对企业申报材料的符合性和完整性进行审核，并将审核通过的申报产品的相关数据在有关媒体公示
2	对经过媒体公示的申报产品进行顾客满意度调查
3	组织专家认定委员会，对申报产品的质量保证能力、质量水平、市场竞争力、消费者认可等指标进行量化认定，形成河南省名牌产品拟定名单，报送河南省名牌战略推进委员会审定

（续）

序号	认定程序
4	经河南省名牌战略推进委员会审定通过的名单，在有关媒体上公示，广泛征求社会意见，主动接受社会、消费者的监督
5	公示后无异议的，由河南省名牌战略推进委员会授予"河南省名牌产品"或"河南省服务名牌"荣誉称号，颁发证书，并在有关媒体公告

（二）申报"三品一标"

"三品一标"是由政府主导的安全优质农产品公共品牌，是推进农业标准化生产、提升农产品质量安全水平的重要支撑，是实现品牌化经营，发展生态农业，促进农业增效、农民增收的有效途径。

河南省自 2016 年落实推行农业农村部提出的"三品一标"政策以来，发展形势良好，现已覆盖全省 18 个省辖市和 9 个省直管县（市），数量规模在全国处于中等偏上水平。截至 2017 年 8 月底，全省处于有效期内的"三品一标"产品共有 3 356 个，其中，无公害农产品（种植和水产品）2 541 个、绿色食品 711 个、有机农产品 23 个、农产品地理标志 81 个。

在此基础上，河南省农业农村厅进一步指出，要继续加大"三品一标"品牌宣传力度，宣传好"三品一标"理念、内涵和品牌发展新成就，让各级领导和各类农业与农产品加工企业充分认识"三品一标"的重要意义，切实把发展"三品一标"作为企业产品走向高端市场和地方经济发展的重要抓手。

1. 无公害农产品 根据无公害农产品管理办法和农产品质量安全属地管理原则，无公害农产品产地认证采取的是从县级农业部门所属无公害农产品工作机构到农业部农产品质量安全中心 5 个环节分级审查、逐级负责的制度，申请人向县级农业部门提交申请材料即可。具体的申请条件和认证所需材料如表 5-9。

表 5-9　无公害农产品的申请条件和认证所需材料

无公害农产品的申报条件	
1	国家相关法律法规规定的资质条件
2	具有组织管理无公害农产品生产和承担责任追溯的能力（有执照或相关证件）
3	具备一定的生产规模、产地环境符合无公害农产品产地环境的标准要求（有标准要求）、产品质量符合要求（检验依据农业部规定）
4	申报产品在农业部、中国国家认证认可监督管理委员会公布的《实施无公害农产品认证的产品目录》内

（续）

	无公害农产品认证所需材料
1	《无公害农产品产地认定与产品认证申请书》
2	国家法律法规规定申请者必须具备的资质证明文件（复印件）（如营业执照、注册商标、卫生许可证等）
3	《无公害农产品内检员证书》复印件
4	无公害农产品生产质量控制措施（内容包括组织管理、投入品管理、卫生防疫、产品检测、产地保护等）
5	无公害农产品生产操作规程
6	《产地环境检验报告》及《产地环境现状评价报告》（省级工作机构选定的产地环境检测机构出具）
7	《产品检验报告》原件或复印件加盖检测机构印章（农业农村部农产品质量安全中心选定的产品检测机构出具）
8	以农民专业合作经济组织作为主体和"公司＋农户"形式申报的，提交与合作农户签署的含有产品质量安全管理措施的合作协议和农户名册（包括农户名单、地址、种养殖规模）；如果合作社申报材料中填写的是"自产自销型、集中生产管理"，请提供书面证明说明原因，并附上合作社章程以示证明
9	大米、茶叶、咸鸭蛋、鲜牛奶等初级加工产品还需提供以下材料：加工技术操作规程；加工卫生许可证复印件或全国工业产品生产许可证复印件；如果是委托加工的，需提供委托加工协议和受委托方的加工卫生许可证复印件或全国工业产品生产许可证复印件
10	水产类需要提供产地环境现状说明，区域分布图和所使用的渔药外包装标签
11	无公害农产品产地认定与产品认证现场检查报告
12	无公害农产品产地认定与产品认证报告
13	其他要求提交的有关材料（土地流转合同、合作社协议等）

2. 绿色食品 绿色食品标志由申请人向省级农业行政主管部门所属绿色食品工作机构或者省级委托机构提出申请，经审查合格后报中国绿色食品发展中心审定发证。目前河南省的企业可以直接向省辖市或直管县农业部门提交申请材料。具体的申报条件和认证所需材料见表5-10。

表5-10 绿色食品标志的申请条件和认证所需材料

	申请人需具备条件
1	能够独立承担民事责任。其资质应为企业法人、农民专业合作社、个人独资企业、合伙企业、个体工商户、家庭农场等，以及其他国有农场、国有林场和兵团团场等生产单位
2	具有稳定的生产基地
3	具有绿色食品生产的环境条件和生产技术
4	具有完善的质量管理体系，并至少稳定运行一年
5	具有与生产规模相适应的生产技术人员和质量控制人员

（续）

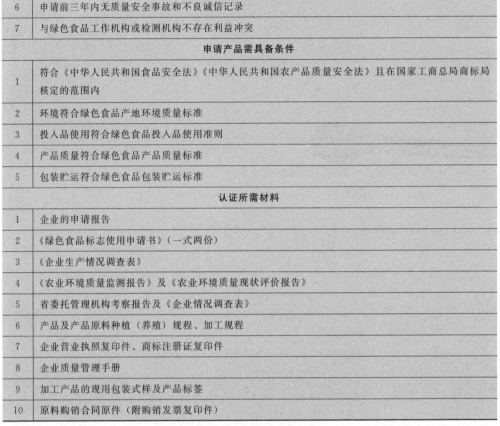

6	申请前三年内无质量安全事故和不良诚信记录
7	与绿色食品工作机构或检测机构不存在利益冲突
申请产品需具备条件	
1	符合《中华人民共和国食品安全法》《中华人民共和国农产品质量安全法》且在国家工商总局商标局核定的范围内
2	环境符合绿色食品产地环境质量标准
3	投入品使用符合绿色食品投入品使用准则
4	产品质量符合绿色食品产品质量标准
5	包装贮运符合绿色食品包装贮运标准
认证所需材料	
1	企业的申请报告
2	《绿色食品标志使用申请书》（一式两份）
3	《企业生产情况调查表》
4	《农业环境质量监测报告》及《农业环境质量现状评价报告》
5	省委托管理机构考察报告及《企业情况调查表》
6	产品及产品原料种植（养殖）规程、加工规程
7	企业营业执照复印件、商标注册证复印件
8	企业质量管理手册
9	加工产品的现用包装样式及产品标签
10	原料购销合同原件（附购销发票复印件）

3. 有机食品 有机食品由国家认监委批准的多机构认证，中绿华夏有机食品认证中心依托绿色食品工作机构，具备完善的管理规章和服务体系，是国家认证认监委批准设立的第一家有机产品认证机构、认证培训机构。根据《有机产品认证实施规则》规定，认证程序包括受理申请、材料审查、现场检查准备、现场检查实施、认证决定等环节。有机食品标志申请所需材料与绿色食品标志许可类似，申请人可直接和省绿色食品发展中心联系。

4. 农产品地理标志 农产品地理标志是集体公权的体现，企业和个人不能作为登记申请人，政府也不可以，申请人必须是经过县以上人民政府授权的具有集体公权行为能力的中介或咨询机构，如协会、学会、合作社、农技站。申请人可向县级或省辖市级农业部门的具体工作机构提交申请材料，然后逐级上报至省级机构，省级机构负责初审、现场核查和品质鉴评，最后上报至农业农村部农产品质量安全中心。

满足一定条件的生产者可以与登记证书持有人签订农产品地理标志使用协议，具体的条件包括：①生产经营的农产品产自登记确定的地域范围，并已取得登记农产品相关的生产经营资质。②能够严格按照规定的质量技术规范组织开展生产经营活动。③具有地理标志农产品市场开发经营能力。

5. "三品一标"认证申请总结 "三品一标"中每个标志的认证程序各不相同，它们之间存在一定差别（见表5-11）。经过"三品一标"认证的农产品虽然都具有较高的产品质量，但不同认证的农产品也具有一定的区别，具体来说：①无公害农产品、绿色食品、有机食品是经质量认证的安全农产品，认证管理机构要求生产者拥有生产规程、质量控制追溯等制度；地理标志农产品，不仅要求农产品安全，还要带有地域和文化特色，又属于知识产权保护的范畴，因此是有特色的、稀有的优质（安全）产品。②"三品"认证前需要进行安全检测，"一标"认证前则不需要安全检测，但认证后均需要进行安全监管。③同一产品包装上不应同时使用无公害、绿色和有机标志，但这三个标志可以分别与农产品地理标志同时使用。

表 5-11 "三品一标"每个标志的认证程序对比

	无公害农产品	绿色食品	有机食品	农产品地理标志
审批机构	农业农村部农产品质量安全中心（唯一）	中国绿色食品发展中心（唯一）	23家，其中农业部门有中绿华夏	3家，国家工商总局、质监局和农业农村部
受理单位	县级工作机构	省级绿色食品发展中心	各个认证中心	省级指定工作机构
申报主体	生产企业（私权）	生产企业（私权）	生产企业（私权）	政府授权单位（公权）
政策依据	《农产品质量安全法》《无公害农产品管理办法》	《商标法》《集体商标、证明商标注册和管理办法》《绿色食品管理办法》	《中华人民共和国认证许可条例》《有机产品标准》	《农产品地理标志管理办法》
证书期限	3年	3年	1年	长久

（三）河南省知名农产品品牌目录

2018年，河南省农业农村厅下发了关于做好河南省知名农产品品牌目录推荐工作的通知，明确指出将更新发布河南省知名农产品品牌目录。推荐条件见表5-12。

表 5 - 12 河南省知名农产品品牌目录推荐条件

序号	推荐条件
1	农产品区域公用品牌原则上应为获得农产品地理标志登记的地方特色品牌
2	农业企业品牌应为市级以上农业产业化龙头企业、合作社示范社和家庭农场等,且其产品应为有效期内的绿色食品或有机农产品、无公害农产品、农产品地理标志产品(以下简称"三品一标")或通过 HACCP、GAP 等国际体系认证产品
3	特色农产品品牌应为有效期内"三品一标"产品或通过 HACCP、GAP 等国际体系认证产品
4	所推荐的企业和产品品牌,近三年内未发生质量安全事故和产品抽检不合格的情况

具备下列条件之一的,优先推荐:

一是已列入《2017 年河南省知名农产品品牌目录》;获得河南省"三品一标"示范基地称号。

二是在农业农村部举办的中国国际农产品交易会、中国农产品加工业投资贸易洽谈会、中国—东盟博览会农业展、中国—亚欧博览会、中国绿色食品博览会和中国国际有机食品博览会等展会上获奖的企业和品牌。

(四)申报"一村一品"示范村镇

全国"一村一品"示范村镇申报条件主要有以下四个方面:

1. 主导产业突出 专业村主导产业收入占全村农业经济总收入 60% 以上,从事主导产业的农户占农户总数 50% 以上,贫困地区可分别放宽到 40% 或 30% 以上。专业镇主导产业收入占全镇农业经济总收入 30% 以上,从事主导产业的农户占农户总数 30% 以上,贫困地区可放宽到 20% 以上。

2. 实现绿色发展 主导产品必须有注册商标,符合农产品质量安全标准。农产品产地环境符合生产质量安全农产品的要求。获得农产品地理标志登记保护、中国地理标志证明商标或国家地理标志保护产品认证的专业村镇优先考虑。

3. 联农带农效果好 专业村、专业镇农民人均可支配收入分别高于所在镇、所在县(市)农民可支配收入 10% 以上,贫困地区可放宽到 5% 以上。

4. 组织化程度高 专业村镇成立农民合作社,入社农户数占专业村、专业镇从业农户数比重分别为 40% 和 30% 以上,贫困地区可分别放宽到 30% 和 20% 以上,并与专业批发市场有效对接,或与龙头企业建立产业化联合体。

■ 实训模块

熟练填写农产品商标注册、无公害农产品产地认定与产品认证申请书、绿色食品标志使用申请书、绿色食品标志企业及生产情况调查表的各种表格。

小贴士

商标注册申请书的填写须知

1. "**申请人名称**" **栏的填写** 企业：填写企业名称，注意须与主体（身份）证明文件登记的名称保持一致。个人：姓名＋身份证号码。外国申请人应当同时填写中文名称和英文名称。

2. "**申请人地址**" **栏的填写** 申请人地址要与委托书填写一致；营业执照、身份证明没有"省、市"的，申报时必须添加，地址应详细填写。

3. "**是否共同申请栏**" **的填写** 共同申请注册同一商标的，申请人名称/地址栏填写代表人名称/地址，同时在"是否共同申请"一栏选择"是"，其他共同申请人在申请表附页填写名称（不需要填写地址）。

4. "**邮政编码**" "**联系人**" "**电话**" **栏的填写** 申请人的联系方式（电话写清楚区号）以及能接收到的邮政编码。

5. "**代理机构名称**" **栏的填写** 代理机构名称应当与所加盖的代理机构章戳保持一致。未委托代理的，不需填写代理项目。

6. "**商标种类**" **栏的填写** 申请商标的种类在"商标种类"一栏的方框中选择（一般、集体、证明三项只能选其一，立体和颜色可以多选）。如申请注册的商标不是立体商标和颜色组合商标，申请人应在商标种类一栏的"一般"前的方框中打"√"。

7. "**商标说明**" **栏的填写** 申请人应当根据实际情况填写。以三维标志、声音标志申请商标注册的，应当说明商标使用方式。以颜色组合申请商标注册的，应当提交文字说明，注明色标，并说明商标使用方式。商标为外文或者包含外文的，应当说明含义。自然人将自己的肖像作为商标图样进行注册申请应当予以说明。申请人将他人肖像作为商标图样进行注册申请应当予以说明，附送肖像人的声明书。申请人认为需要说明的其他事项，也可以在此栏予以说明。

8. "**类别、商品/服务项目**" **栏的填写** 商标注册申请人可以通过一份申请就多个类别的商品申请注册同一商标。申请人应按《类似商品和服务项目区分表》填写类别、商品/服务项目名称。商品/服务项目应按类别对应填写，每个类别的项目前应分别标明顺序号。类别和商品/服务项目填写不下的，可按本申请书的格式填写在附页上。全部类别和项目填写完毕后应当注明"截止"字样。

9. "章戳及签字"栏的填写 申请书需要加盖的章戳都应该是公章；申请人及代理机构的公章应盖在相应的位置上，所盖公章确保清晰、完整且不得覆盖申请书中所填写的文字。

10. "商标图样框"的填写 商标图样应当清晰、完整且对比度分明。以颜色组合或指定颜色图样申请的，应当提交着色图样，并提交 1 份黑白墨稿；不指定颜色的，应当提交黑白图样。

注：根据《商标法实施条例》第十五条规定，商标注册申请等有关文件，应当打字或印刷。对于手写的商标申请书件，商标局不予受理。

实训一 农产品商标注册申请书

商标注册申请书

申请人名称：

申请人地址：

是否共同申请：□是　　　□否

邮政编码：

联系人：

电话（含地区号）：

传真（含地区号）：

代理组织名称：

商标种类：□一般　　□集体　　□证明　　□立体　　□颜色

商标说明：

类别：

商品/服务项目：

　　（附页：　页）

申请人章戳（签字）：　　　　　　　　　　代理组织章戳：

代理人签字：

将一张商标图样贴在格内，另附五份商标图样。指定颜色的附着色图样五份和黑白稿一份。图样应不大于 10cm×10cm，不小于 5cm×5cm。

注：1. 未委托代理的，不需填写代理项目。

2. 申请商标的种类在"商标种类"一栏的方框中选择（一般、集体、证明三项只能选其一，立体和颜色可以多选）。

3. 共同申请注册同一商标的，申请人名称/地址栏填写代表人名称/地址，同时在"是否共同申请"一栏选择"是"，其他共同申请人在申请表附页填写名称（不需要填写地址）。

4. 收费标准：受理商标注册费×××元，10 个商品/服务项目以上（不含 10 个），每超过一个，另加收×××元。受理集体商标注册费×××元，受理证明商标注册费×××元。

5. "商标说明"一栏填写内容：商标图样外文的含义、特殊字体的文字表述、立体/颜色商标的说明。

小贴士

无公害农产品产地认定与产品认证申请书（表一、表二）的填写须知

1. 封面的填写

（1）材料编号：申请人不填写，由省级认证工作机构填写。

（2）申请认证产品：名称要与《实施无公害农产品认证的产品目录》一致，不得填商品名称。

（3）申请人：填写申请人全称并加盖公章（两者要一致）。

（4）法人代表：申请人为法人单位的，由单位法定代表人签字并盖章。

（5）申请日期：填写申请书的日期。

2. 保证申请材料真实性和执行无公害农产品标准及规范的声明

（1）空格处填写申请认证产品名称（同首页）。

（2）法人代表一定要手签；申请人处加盖公章。

（3）日期：同申请日期。

3. 申请人基本情况（表一）

（1）申请人全称：申请人全称不得简写，应与企业营业执照或事业单位法人证书、社会团体法人登记证书及印章一致（申请人为个人的应与身份证一致）。

（2）法人代表：申请人为法人单位的填写法人代表姓名，其他填写负责人姓名。

（3）单位性质：根据申请人的实际情况，按企业（国有、集体、股份制、私人）、事业、社团、个人填写。

（4）注册商标：填写已正式注册的商标，正在注册受理中的商标、无商标的均填写"无"。

（5）申请人类型：在所列类型的"□"内划"√"。

（6）联系人、联系电话（手机号码）、传真、邮箱：填写熟悉情况并负责申报的人姓名及联系方式，固定电话注明区号。

（7）通信地址：应填×××省（自治区、直辖市）×××市（县）通邮的详细地址。

（8）邮政编码：填全国统一的邮政编码。

（9）职工人数、管理人员数、技术人员数：均填写与申请产品生产相关的人员数。

（10）经营范围：应与企业营业执照或事业单位法人证书或社团登记证书规定相一致。

（11）固定资产（万元）：指申请人所拥有的固定资产总和。

（12）年总利润（万元）：指所有申请认证产品年利润之和。

（13）年总销售量（吨）：所有申请认证产品全年销售总量。

（14）年总销售额（万元）：所有申请认证产品全年销售总额。

（15）年总出口量（吨）、年出口总额：有则填写，没有填"无"。

（16）主要销售区域：根据申请认证产品销售实际情况，按省（区、市）或市（县）填写。

（17）产地名称：与产地认定证书的名称一致。

（18）产地规模（万×）：指省级行政管理部门对申请的无公害农产品产地进行认定的规模，与产地认定证书一致（同一产地多产品申报的，所有产品的产地规模之和要小于或等于证书上认定的规模）。

（19）产地所在具体地址：是指产地实际生产地址，在产地认定的范围之内。

（20）生产管理形式：在符合自己的生产情况的"□"内划"√"，并填具体数字。

（21）产地执行标准编号及名称：应注明无公害农产品产地认定环境条件所执行标准的标准编号及名称，可参照《无公害农产品相关标准名录及编号》填写。

（22）填表人：要手签，注明填表日期。

4. 申报产品情况（表二）

（1）产品名称：同申请书首页，要与《实施无公害农产品认证的产品目录》一致，不得填商品名称。

（2）商品名称：是指本单位使用的商业化、通俗化、特色化的产品名称。

（3）年生产规模（万×）：申请认证产品实际的年生产规模，不得超过产地认定规模。

（4）生产周期：申请认证产品从开始生产到收获所需的时间。

（5）包装规格：应注明申请认证产品的最小包装单位（如箱、袋等）、规格（指单位包装的长、宽、高尺寸，单位：厘米）、重量（指最小包装单位的重量，单位：千克）。

（6）年产量（吨）：申请认证产品的年总产量。

（7）年销售量（吨）：申请认证产品的年销售总量。

（8）产品执行标准编号及名称：申请认证产品在《实施无公害农产品认证的产品目录》中所执行的标准编号及名称，也可参照《无公害农产品相关标准名录及编号》。

（9）填表人：要手签，注明填表日期。

实训二　绿色食品标志使用申请书

绿色食品标志使用申请书

初次申请□　　续展申请□

申请人（盖章）＿＿＿＿＿＿＿＿＿＿＿＿＿＿＿＿＿＿＿＿

申请日期　＿＿＿＿＿年＿＿＿＿月＿＿＿＿日

中国绿色食品发展中心

填写说明

一、本申请书一式三份，中国绿色食品发展中心、省级工作机构和申请人各一份。

二、本申请书无签名、盖章无效。

三、申请书的内容可打印或用蓝、黑钢笔或签字笔填写，语言规范准确、印章（签名）端正清晰。

四、申请书可从 http：//www.moa.gov.cn/sydw/lssp/下载，用 A4 纸打印。

五、本申请书由中国绿色食品发展中心负责解释。

保证声明

我单位已仔细阅读《绿色食品标志管理办法》有关内容，充分了解绿色食品相关标准和技术规范等有关规定，自愿向中国绿色食品发展中心申请使用绿色食品标志。现郑重声明如下：

1. 保证《绿色食品标志使用申请书》中填写的内容和提供的有关材料全部真实、准确，如有虚假成分，我单位愿承担法律责任。

2. 保证申请前三年内无质量安全事故和不良诚信记录。

3. 保证严格按《绿色食品标志管理办法》、绿色食品相关标准和技术规范等有关规定组织生产、加工和销售。

4. 保证开放所有生产环节，接受中国绿色食品发展中心组织实施的现场检查和年度检查。

5. 凡因产品质量问题给绿色食品事业造成的不良影响，愿接受中国绿色食品发展中心所做的决定，并承担经济和法律责任。

法定代表人（签字）：   申请人（盖章）

                                          年   月   日

表一 申请人基本情况

申请人（中文）				
申请人（英文）				
联系地址			邮编	
网址				
营业执照注册号		首次获证时间		
企业法定代表人		座机		手机	
联系人		座机		手机	
传真		Email		
龙头企业	国家级□ 省（市）级□ 地市级□ 其他□			
年生产总值（万元）		年利润（万元）		
申请人简介				

内检员（签字）：

注：1. 内检员适用于已有中心注册内检员的申请人。

2. 首次获证时间仅适用于续展申请。

表二 申请产品情况

产品名称	商标	年产量（吨）	是否有包装	包装规格	备注

注：1. 续展产品名称、商标变化等情况需在备注栏说明。

2. 若此表不够，可附页。

表三 原料供应情况

原料来源	原料供应情况		
	生产商	产品名称	使用量（吨）
绿色食品			
全国绿色食品原料标准化生产基地	基地名称	使用面积（万亩）	使用量（吨）

表四 申请产品统计表

产品名称	年产值（万元）	年销售额（万元）	年出口量（吨）	年出口额（万美元）	绿色食品包装印刷数量

注：表三、表四可根据需要增加行数。

小贴士

绿色食品标志企业及生产情况调查表的填写须知

1. 封面的填写

（1）申请单位：填写企业全称并加盖公章（两者要一致）。

（2）申请日期：填写申请书的日期。

2. 表一"企业生产概况"的填写

（1）填表日期：填写表格的日期，并盖上公司公章。

（2）企业全称：申请企业全称不得简写，应与企业营业执照及印章一致。

（3）法人代表：申请人为法人单位的填写法人代表姓名，其他填写负责人姓名。

（4）邮政编码、联系电话及传真：填全国统一的邮政编码，申请负责人联系方式。

（5）省内主管部门：可填市农业局。

（6）经济性质：一般分为非公司企业法人、有限责任公司、股份有限责任公司、个体工商户、私营独资企业或私营合伙企业。

（7）领取营业执照时间、执照编号：根据营业执照填写。

（8）职工人数、技术人员数：均填写与申请产品生产相关的人员数。

（9）流动资金：填写具体金额（万元）。

（10）固定资产（万元）：指申请企业所拥有的固定资产总和。

（11）经营范围：应与企业营业执照或事业单位法人证书或社团登记证书规定相一致。没有兼营则填"无"。

（12）年生产总值：填写申请认证产品的年实际生产总值，填写数值（万）。

（13）年利润：指申请认证产品年利润，填写数值（万）。

（14）产品名称：必须填写申报产品的商品名，产品名称须采用食品真实属性的专用名称，名称必须反映食品本身固有的特性、性质、特征。

（15）商标：填写注册的商标名称。

（16）设计年生产规模：申请认证产品计划的年生产规模，填写数字（吨）。

（17）实际年生产规模：申请认证产品实际的年生产规模，不得超过产地认定规模。

（18）平均批发价、当地零售价：填写实际价格（/克、/千克等）。

（19）主要销售范围：填写实际地理范围（例如河南省内）。

（20）获奖情况：按实际填写，没有则填"无"。

（21）原料供应单位名称、生产规模、年供应量：按实际情况填写原料供应来源的地方全称，生产规模以亩为单位，年供应量以吨为单位。经济性质：同上。

（22）原料供应形式：主要填写申报企业与生产基地、加工企业与原料生产基地或供应单位间的关系，常见的形式有：申报企业本身就是生产单位，如农场、果园等，属于此种情况的在"原料供应形式"一栏中填写"自给"；申报企业属技术推广或经营单位，但有固定的生产基地，如某某乡技术推广站、某某县果品公司，属此种情况的填写"协议供应形式"，并附报协议复印件；申报企业购买绿色食品原料，属此种情况的填写"协议供应形式"，并附报协议复印件；申报企业购买绿色食品原料，属此种情况的填写"合同供应形式"，并附报合同原件，发票复印件。

（23）填表人：手签负责人姓名。

3. 表二"农药、肥料使用情况"的填写

（1）必须由种植单位或当地技术推广单位的主要技术负责人填写、签字，并加盖种植单位或技术推广单位公章。

（2）"主要病虫害"一栏填写申报产品或产品原料当年发生的病、虫、草害。

（3）"农药、肥料使用情况"栏填写申报产品或产品原料生产中当年农药、肥料的使用情况。

（4）每项内容必须认真填写，不得涂改（如有笔误，实行机改，并加盖红章），否则，一律视为不合格材料。生产中不使用农药、肥料，在"农药、肥料使用情况"栏应填写未使用的理由，如使用的农药系非常规农药，需附报产品标签说明书。

（5）对大田作物，农药"每次用量"单位用克（毫克）/亩或升（毫升）/亩，不得用稀释倍数；对果树、茶叶类，可以用稀释倍数表示，如 4 000 倍。

（6）一张表只允许填写一种产品或产品原料的农药、肥料使用情况，不得多个产品或产品原料混填，有机、无机肥可施用多次。

4. 表四"加工产品生产情况"的填写

（1）产品名称、设计年产量与实际年产量同上表。执行标准：填写对应的绿色食品标准，以检验报告标准为准。

（2）原料基本情况里所有原料配比加起来必须为 100%，年用量能确保申报产品生产数量。

（3）工程流程简图（例如：收购→挑选→包装→入库）。设备按实际情况填写。

实训三　绿色食品标志企业及生产情况调查表

企业及生产情况调查表

申请单位：

申请日期：　　　　年　　月　　日

说　　明

1. 表一系为统计绿色食品生产能力而设，并不影响使用绿色食品标志的资格，请如实填写。

2. 表二由农作物（产品或产品的原料）种植单位按当年实际情况填写。如加工产品的原料来自于其他单位，须附报原料供应合同。

3. 表三由畜（禽、水产品）饲养（养殖）企业按当年情况填写。

4. 表四由食品加工企业按当年情况填写。

表一　企业生产概况

填表日期：　年　月　日（盖章）

企业情况	企业全称		法人代表	
	邮政编码		联系电话	
			传真	
	省内主管部门		经济性质	
	领取营业执照时间		执照编号	
	职工人数		技术人员数	
	流动资金		固定资产	
	经营范围	主营		
		兼营		
	年生产总值		年利润	
申请使用标志产品情况	产品名称		商标	
	设计年生产规模		实际年生产规模	
	平均批发价		当地零售价	
	年销售量		年出口量	
	主要销售范围			
	获奖情况			
原料供应单位情况	单位名称		生产规模	
	经济性质		年供应量	
	原料供应形式			

填表人：

表二　农药、肥料使用情况

填表日期：　年　月　日（盖章）

作物（饲料名称）			种植面积			
年生产量			收获时间			
主要病虫害						
农药使用情况	农药名称	剂型规格	目的	使用方法	每次用量（或浓度）	全年使用次数	末次使用时间
肥料使用情况（千克/亩）	肥料名称	类别	使用方法	使用时间	每次用量	全年用量	末次使用时间

附报：作物种植规程，对主要病虫害及其他公害控制技术及措施。

填表人：　　　　　　　　　　　　　　　　种植单位负责人：

表三 畜（禽、水）产品饲养（养殖）情况表

填表日期： 年 月 日（盖章）

畜（禽、水）产品		饲养（养殖）规模	
饲料构成情况			
成分名称	比例	年用量	来源
药剂（含激素）使用情况					
药剂名称	用途	使用时间	使用方法	使用量	备注

附报：畜（禽、水）产品主要病害的防疫措施。

填表人：

表四 加工产品生产情况

填表日期： 年 月 日（盖章）

产品名称	绿色香米	执行标准	NY/T 419—2007
原料基本情况			
名称	比例	年用量	来源
添加剂、防腐剂使用情况			
名称	用途	用量	备注
加工工艺基本情况			

工艺流程简图

主要设备名称、型号及制造单位

填表人：